明理之道

谢 普◎编著

吉林出版集团股份有限公司

图书在版编目（CIP）数据

明理之道 / 谢普编著 . -- 长春 : 吉林出版集团股
份有限公司 , 2025. 2. -- ISBN 978-7-5731-6157-4

Ⅰ . D432.62

中国国家版本馆 CIP 数据核字第 2025PC1028 号

MINGLI ZHI DAO

明理之道

编　　著：谢　普

出版策划：崔文辉

责任编辑：姜婷婷

出　　版：吉林出版集团股份有限公司

　　　　　（长春市福祉大路 5788 号，邮政编码：130118 ）

发　　行：吉林出版集团译文图书经营有限公司

　　　　　（ http://shop34896900.taobao.com ）

电　　话：总编办 0431-81629909　营销部 0431-81629880 / 81629900

印　　刷：北京一鑫印务有限责任公司

开　　本：640mm×910mm　1/16

印　　张：10

字　　数：108 千字

版　　次：2025 年 2 月第 1 版

印　　次：2025 年 2 月第 1 次印刷

书　　号：ISBN 978-7-5731-6157-4

定　　价：59.00 元

印装错误请与承印厂联系　　电话：13911272317

前　言

道理，指的是事理、事物的规律。

我们行走世间，需要遵守规则、尊重规律，也就是明理。明理，才能通情达理，才能有条有理。

但也有人说，明白了很多道理却依然过不好一生。原因何在？

——人在事上练，刀在石上磨。明理仅仅是起始之步，唯有历经诸多历练，方能真正开悟。

有鉴于此，本书在摆道理、讲事实之余，更希望读者将道理应用于工作与生活之中。毕竟，"纸上得来终觉浅，绝知此事要躬行"。

本书所涉及的道理，皆为传颂千年的经典名言。这些道理历经历史长河的冲刷洗礼，越发璀璨夺目、熠熠生辉。

人生是一场漫长的旅程，充满了无数的选择和挑战。明理的人能够清晰地认识到自己的目标，并坚定地朝着这个目标前进。无论是在职业规划、家庭生活，还是在个人成长上，明理都能帮助我们做出最明智的选择。

本书旨在通过探讨明事理的智慧，帮助读者在生活、工作乃至整个人生中找到方向和力量。本书不仅提供了大量的实际案例和实用的方法，更是深度挖掘了明理背后所蕴含的智慧精髓。

　　无论你是莘莘学子、职场新人，还是操持家务的主妇、企业中的高管，都能从本书中找到适合自己的智慧和方法。愿这本书化作你生活中的一盏明灯，照亮你前行的路途，引领你迈向更为璀璨辉煌的未来！

目　录

CONTENTS

第一章

谋势

"不谋万世者，不足谋一时；不谋全局者，不足谋一域。"古往今来，凡成大事者，皆善谋大势。善谋大势者，能洞察时代发展的脉搏，把握历史前进的方向。在风云变幻的时代浪潮中，他们高瞻远瞩，未雨绸缪，以敏锐的洞察力和卓越的判断力，抢占先机，赢得主动。

善谋大势才能成大事

小米科技创始人雷军说过："站在台风口，猪都能飞起来！"他的意思是，做生意要顺势而为。人作为社会中的一分子，力量之渺小，犹如大河中的一滴水珠。社会发展的潮流，以无法抗拒的力量裹挟着每一个人前进。个人只有努力调整自己的方向去适应潮流，方能在自己有限的人生里掀起几朵漂亮的浪花。因此，我们在寻找创业商机时，一定要将社会发展的大势纳入考量的重点。

20世纪90年代初，一股"出国热"在国内兴起。在北京大学教英语的俞敏洪发现了机会，由此诞生了新东方。20世纪90年代末，在美国硅谷工作的李彦宏回国进行考察，发现大家的名片开始印上e-mail地址了，街上有人穿印着".com"的T恤了，于是果断辞去高薪工作回国创业。伴随千禧年的钟声敲响——2000年1月1日，百度正式诞生。

十多年前，小健大专毕业后去深圳打工，在工厂里做了三个月后辞职，找了一家房地产中介公司当业务员。干了不到两个月，他就因为业绩不佳而"被辞职"。他不死心，又找了一家中介公司当业务员。这次还是没干多久，他又不得不找了第三家中介公司。几番"跳槽"后，在工作中，他得到了学习与成长，终于在一家房地产中介公司站稳脚跟。三年后，他的月收入抵得上在工厂做几年工的收入。

2016年春节后，小健辞职创业，成立了自己的房地产中介公司。很快，他就在深圳买了第五套房。

有人曾问小健："你为什么认定了房地产中介这个职业？"小健是这么回答的："因为看好这个行业。"到了2022年，又有人问他："现在还看好吗？"他回答："不看好，所以我在2020年8月就开始收缩业务了。"这人追问："为什么呢？"他回答："那年8月央行、银保监会给房地产画了'三道红线'，我就知道房地产要走下坡路了。"

纵观活跃在商界的各大富豪，谁不是顺应时势的弄潮儿？改革开放以来，大多数国人经历了三次致富的绝佳机会，但因此而致富的只是极少数。多数人是如何失去机会的呢？第一次是20世纪80年代中期的下海经商，因为摆脱不了过去"投机倒把罪"的阴影，或者摆脱不了传统重工轻商的思想，以及对于经商前途的不看好，大多数人都错过了；第二次是20世纪90年代初期的股票，人们认为是"资本主义"的糟粕或其他原因而错过；第三次是新世纪初期至今的房地产，多数人在一路飙升的房价中总是充满怀疑而错过。

假如你也错过了这些能够让"猪飞起来"的"台风"，不要紧，机会永远存在。太阳每一天都是新的。在日益健全而又成熟的市场经济秩序下，市场犹如一局局清晰明了而又变化万千的棋局，局局如新。你只需要做到如下三点，就能更清楚地触摸到大势的脉搏：

其一为留心国际形势。别以为不做外贸业务，就可以不关注国际形势。在全球经济一体化的框架之下，信息与物流技术的高速发展，国内经济与国际环境的关系变得越来越紧密。就像一个生动的比喻所言——华尔街打个喷嚏，全世界都会感冒。

其二为关注政府政策。政府在政策上鼓励发展什么，限制发展什么，淘汰什么，对创业成败的影响极大。顺着政策鼓励的方向努力会事半功倍，反之则事倍功半。

其三是洞悉行业发展趋势。你有意进入的或所在的行业的相关信息，应该下功夫收集、整理与分析。当今社会各种高新技术层出不穷，每一项新科技的出现，都有可能导致一场行业大洗牌。进入一个夕阳行业，等于一头扎进了死胡同。而你若处于一个夕阳行业，就要及早为自己谋划好退路。即使是处于一个朝阳行业，你也同样要了解行业里的发展趋势，以及时提升自己的竞争力，做到利益最大化。

天下潮流，浩浩荡荡，顺势者昌，逆势者亡。无论是做大生意还是做小买卖，在大势面前都不能独善其身。形势赐予我们的机遇往往是决定性的成功因素。一个人纵然有通天本领，如果处于一个万马齐喑的时代，也不可能有大的作为。好的形势则犹如东风，此时乘势而行就犹如顺风扬帆，可以事半功倍。所以，仔细地摸准大势的脉搏，踩对大势的节拍，定能在创业路上势在必得、势如破竹，轻松而又实在地做到事业有成。

错过机会没关系。时间在走，世界在变。错过公众号创业，还有短视频的机会。错过区块链创业，还有人工智能的机会。时代的浪潮犹如大海，每一次潮起潮落，都是大自然明显的呼吸。就在这潮起潮落之间，也许就孕育着一场生命的大变动，完成一次历史的大跨越。我们正处在一个不断变化的时代，各行各业都在不断更新，充满了变化和机会。

随着时代发展急剧加快，现在与明天的机会来得更频繁、更快速——但同时消失得也更频繁、更快速。每一项新政策出台，或者每一项新技术出现，都有可能改变原来的商业格局，导致财富重新分配。看看每年财富英雄榜名单的变化，你就知道商业竞争是多么激烈。你要在令人眼花缭乱的牌中拿到好牌，不能靠运气，得靠眼光和智慧。

庸者谋事，智者谋势

平庸之人做事，往往将眼光和思维局限于某件具体之事，这种思维通常执着于事物的表象。而智者则截然不同，他们思考事情从根本条件出发，着眼大势，以此探寻事物的本质，这也是成大事的关键所在。

众所周知，任何事情都存在连锁反应。当下呈现的现象，皆是此前一连串条件及因素共同作用的结果。当下的状态，由小同因素共同促成。这些因素不断变化、交织，便会形成各种现象。所以，无论是生活还是做事，若只是片面地将目光定格于某件事或某句话，则永远无法得到正确答案，甚至会误判事物的真相。唯有将思维转换至本质层面，方能不偏不倚。

学过历史的人，或许都知道秦始皇焚书坑儒之事，但鲜有人知焚书这一建议最初由丞相李斯提出。李斯提出此议，并非单纯为毁灭知识，而是为平衡现实。

李斯对秦始皇说："如今一些读书人不向现实学习，却模仿古代来指责当下的社会制度，惑乱百姓。他们的言论皆称道古代，损害现行政策，文饰虚言空语，搅乱事物本来面貌，每个人都认为自己的学说最佳，非议君上所建立的制度。"

确实，当时很多书生未考虑当时客观环境，一味模仿古代，以私学诽谤朝政，惑乱民众。不难想象，这种执着表象、忽略本质的愚昧之举，会对国家制度产生何等影响与负面作用。毕竟时代不同，采用老方法往往会导致错误的结果。

于是，李斯向秦始皇提出焚书建议，目的是让那些以古非今、指责当下制度之人放下妄想，结合实际，从"谋势"的本质条件思考问题。李斯说道："三皇五帝的制度各不相同，并非后代一定要与前代相悖，而是时代变化所致。"

每个时代和环境都有特定因素，好的制度必然是符合当下条件的结果，而非单纯执着于表象、不顾本质地提出建议。

真正的智者，不仅观察事物时要有探索本质的思维，谋划事务时更要有从条件谋划结果的觉悟。

在谋划事务时，能够掌控天时、地利等各种外界条件，善于利用它们达成目的，这便是谋势。《孙子兵法》将智慧分为虚实篇、行军篇、地形篇、九地篇、火攻篇等等，旨在将作战智慧依据各种条件加以阐述，教后人以条件塑造结果。

可以说，一个能总结条件以形成结果之人，便是善于谋势者。

比如在《三国演义》里，诸葛亮草船借箭的事例便很好地证明了这个道理。

草船借箭的成功需要具备哪些条件呢？其一：了解自身；其二：了解曹操；其三：借助天气；其四：借助水利。这四点恰好对应"知己、知彼、知天、知地"四个条件。

诸葛亮正是洞察了曹操多疑的性格，掌握了魏军不擅水战的弱点，借助当时的天气，成功从曹操处借得十万支箭。

作战要掌握"战道"，做人做事也要掌握"人道"，做一个善于谋势之人，善于运用条件，并依循客观规律办事，才能达成理想结果，既不因循守旧，也不过分颠覆过去，以条件谋划结果，方能塑造理想状态。

欲乘势，先明势

李白有诗曰："朝辞白帝彩云间，千里江陵一日还。"苏东坡坐船回老家，走的路和李太白是同一条，却花了三个月时间。原因无他，太白顺水，东坡逆水，一个是乘势而行，一个是逆流而动，当然结果不一样。行船如此，人生同样如此。要想多快好省地抵达成功的彼岸，应该像李白一样顺流而下，而这顺流而下的关键，便是要首先认明大势所趋。

曾经有几个农业大学毕业的青年，在浙江山区租了一大片山丘地，办了个"花草园"，种地皮草、速生苗木和四季鲜花。因为他们看到了近几年经济发展浪潮带来的新需求：浙江省经济实力在全国名列前茅，全省生产总值及人均产值，每年增长速度均处于全国领先水平。由此带来的形势是：有好几个县要马上升格立市，一批中小企业兼并成大企业集团，一批学校要扩建。而这些单位都有一个共同需求——绿化。现代社会的良性运转除了需要"米袋子""菜篮子"，应该还有"草皮子"——城市绿化。"草皮子"元素虽然当前可能未受到广泛重视，但随着经济的蓬勃发展，必将成为热门资源。形势的发展果然不出几个小青年所料，所以他们抓住了机遇，创造了显著的效益，得到了高额的回报。

古人说："月晕而风，础润而雨。"能够从细微的先兆中认清后来的发展形势，往往便会顺利地抓住大势，获得出人意料的成功。

山西长治某健身器材集团创始人郭总，最初是一位矿工，他仅用了十多年的时间，就使一个濒临破产的小自行车厂成功转型，年产值高达数亿元。郭总成功的秘诀便是顺势而为。在毫无经验的基础上，将创业定位于在本地毫无市场的健身器材，在当地许多人看来是个笑话。但是郭总有一个灵活的头脑，他利用了当时国家竞技体育与群众体育"两手抓，两手都要硬"的政策大势，将创业目标定位于"群众喜欢用群众乐用的健身器材"，避开了与国内众多专业竞技体育器材生产厂的竞争，又利用国家发行体育彩票，其中一部分收入会用于群众健身器材投资的机会，首先将一整套"群众性体育健身器材"安装在了国家体育总局龙潭湖家属院，这一举措不仅为他赢得了口碑，更为他打开了全国市场的大门。如今，在北京的街头巷尾，随处可见那些色彩鲜艳（黄色、红色、橙色）的健身器材，它们已经成为城市的一道亮丽的风景线。这一单生意，不仅为郭总带来了丰厚的经济回报，更让他的企业声名大噪，走向了全国。

由此可见，想要乘势，首先要明势。而明势的方法应该是"向前看"。长期以来，人们习惯于"向后看"的思维方式，用多年累积下来的观点来审视今天。但时代在变化，"守株待兔"不可能再有奇迹发生。所以，要做到准确把握大势，就要突破陈旧僵化的观点，用面向未来、风微知变的思维方式来解读日新月异的时代。

势不可挡，亦不可违

曾经，在报纸上看到一则煤老板的投资故事。这位来自南方的煤老板看中了丰富的煤炭资源和煤炭买卖背后的利润，于是，投下了毕生的积蓄获得了一座小煤窑的开采权。不承想，没过多少时日，政府便出台了调整煤窑产权结构的文件。该老板的煤窑因为没有达到标准，而被停产，收归国有。而该老板所拿到的收购金远远低于他的投资，可以说，他最后是血本无归。

这位老板缘何得到这样的结局？将问题的焦点向外转移，确实可能找到一些外部因素作为借口。然而，深入剖析后，问题的根源实际上在于这位老板自身。他过分专注于煤炭带来的利益，却忽视了过度开采引发的环境恶化与民众不满，以至于问题重重的煤窑已逼近必须整顿的紧迫关头。

早在北宋初期，有一位叫作薛居正的名臣写过一篇《势胜学》。其中有一句话是："彰显之势，不可逆耳。"大意为：已经明显呈现出来的时势，是不可违背逆转的。

历史的车轮滚滚向前，社会的趋势与技术的革新跟在它的身后前行，它们的方向就是时势运转的方向。我们说过，在时势之中，一个人要想成事，必须洞悉大势。而一切有违人势的行为，不管你是如何强硬，如何顽固不屈，最终，还是会顺从大势有所调整。这是显而易见的，因为毕竟"念天地之悠悠"，我们个人的力量不免显得如蝗虫蚂蚁般渺小。

势不可挡，亦不可违。如果你"不识时务"，执意要当"盗火的普罗米修斯"，那结果只能是被悬到人生的断崖上，备受折磨。这时候，纵然你有千般能耐，也不会获得任何的救赎，或者有任何人来代你受过。

大势不可违逆！在通往成功的路途上，不了解、不通晓事物发展的趋势，就如同失去了指路的地图一般，难以趋利避害，也终会迷失在人生的岔路口。

在当今社会，科技发展日新月异，信息传播迅速，市场竞争激烈。只有那些能够敏锐洞察市场趋势，顺应社会发展方向，不断创新和变革的企业和个人，才能在竞争中脱颖而出，取得成功；而那些墨守成规、拒绝改变的，必然会在时代的浪潮中被淹没。所谓"不知势，无以为人也"。要想真正做一个能够成大事的人，我们实在应该明白这个道理：虽有智慧，不如乘势！

第二章

立志

"志小则易足，易足则无由进。"这句话出自北宋张载的《经学理窟·学大原下》，大意是："人的志向小，便容易得到满足；容易满足，也就没有继续奋进的理由了。"此话是在鼓励人要树雄心，立大志。特别是年轻人，如果没有一个高远的目标，便很容易满足堕落，等老了不免"徒伤悲"。

突破生命的旧格局

一位记者采访某贫困山区的放牛娃："你放牛是为了什么?"

"挣钱。"放牛娃回答。

"挣钱做什么?"

"娶媳妇。"

"娶媳妇做什么?"

"生娃。"

"生娃做什么?"

"放牛。"

这场看似平淡的对话让人听了不胜唏嘘。山区的放牛娃由于知识、眼界的束缚，把自己的世界锁定在"牛、妻、娃"这三者的轮回上。而一个人活着，如果仅仅是为了挣钱、娶妻、生娃，逼仄的人生格局将令其人生变得多么苍白与平庸。

都市中就没有"放牛娃"吗?

陈文茜女士在接受央视记者白岩松的采访时，说过一段这样的话："女人在这个社会并不容易独处，就算你嫁丈夫也不容易独处，你单身也不容易独处，所以我们看到大多数的家庭主妇、职业女性都不太快乐。很大的原因就是，这个世界上可以给一个女人的东西相当少。她就守住一块天，守住一块地，守住一个家，守住一个男人，守住一群小孩儿，她的人生到后来，成了中年女子，她很少感到幸福，她感到的是一种被剥夺感。"

陈文茜女士的这段话本来是针对女人说的，认为许多女人自己限制了自己，将自己的格局做得很小，因此失去了幸福感。其实不只是女人，很多男人也同样会把自己的人生格局做得很小。

人生是一盘挺大的棋，你却只在一个边角消磨时间。要是你能怡然自得，那倒也没什么，因为幸福只是一种单独个体的感觉，你觉得挺好，那就算挺好，旁人无法置喙；但若你一面哀叹自己"命苦"，不甘心，不服气，一面还在那个逼仄的边角不思改变，那就需要好好反思了。有一个词叫"局限"，局限就是格局太小，为其所限。不管你身处何等位置，都要有大视野、有大追求、有大气魄。格局越大，你才可以不为眼前的小事情所羁绊，才能做到天高任鸟飞、海阔凭鱼跃。

一个年轻学生，居然主动放弃了世界顶尖的哈佛大学的本科学位。那一年，他已经是大三学生了，一张哈佛大学的烫金文凭，眼看就要到手了。要是你，做得出吗？——很难。但有人在1975年就做到了，他是蝉联世界首富十几年的比尔·盖茨。19岁的他看到了微软视窗操作系统的发展前景，果断地放弃了大学学业。"我们意识到软件时代到来了，并且对于芯片的长期潜能我们有足够的洞察力，这意味着什么？我现在不去抓住机会反而去完成我的哈佛学业，软件工业绝对不会原地踏步等着我。"

反观一下你自己，是不是一个"都市放牛娃"？

不放弃理想，不抛弃自己

理想是用来实现的，而不是用来放弃的。

很多年前，在美国乡村的某个小学的作文课上，年轻的语文老师给小朋友们布置了一篇作文，题目叫《我的理想》。一位小朋友是这样描绘他的理想的：将来自己能拥有一座占地十余顷的庄园、在辽阔的土地上种上果树，铺满草皮；庄园中有无数的小木屋、烤肉区及一座休闲旅馆；除自己住在那儿外，还可以和前来参观的旅客分享自己的庄园，有住处供他们休息。

老师检查作文后，在这个小朋友的本子上画了一个大大的红叉，并要求他重写。小朋友仔细看了看自己所写的内容，觉得并无错误，便拿着作文去请教老师。老师告诉他："我要你们写下的是自己的理想，而不是梦话般的空想，理想要实际，你知道吗？"

小朋友据理力争："可是，老师，这真是我的理想呀！"老师也坚持观点："不，那不可能实现，那只是空想，请你重写。"

小朋友不肯妥协："我很清楚要实现这个理想很难，但这的确是我想要的，我不愿意改掉我的理想。"老师无奈地摇了摇头。

30年后，这位老师带着一群小学生到一处风景优美的度假胜地旅游，在尽情享受无边的绿草、舒适的住处及香味四溢的烤肉之余，他望见一名中年人向他走来，并自称曾是他的学生。

这位中年人告诉他的老师，他正是当年那个作文不及格的小学生，如今，他拥有这片广阔的度假庄园，真的实现了儿时的理想。老师望着这位庄园主，不禁感叹："30年来，我不知道用'实际'改变了多少孩子的理想，而你，是唯一保留自己理想的，真庆幸它没有被我毁掉。"

谁没有过理想呢？但又有多少人实现了自己的理想？

没有实现理想不要紧，只要我们还行走在前进的路上，一切就皆有可能。而遗憾的是，很多时候，我们没有实现理想还是源于我们自己的放弃。放弃理想大致有两种原因：一种是随着岁月的增长，发现原来的理想并非自己真正想要的；一种是因为困难太大而放弃了理想。前者是主动放弃，后者是被动放弃。理性地说，适当放弃是人生路上必然经历的一种处世方式。但你一定要谨慎判断放弃是否"适当"——你的理想是你内心所深切的渴望吗？如果是的，那么你就不应该轻易放弃。

理想之所以称为理想，本身就蕴含了来之不易的意思。很容易就能达成的那是目标，不能叫理想。轻易放弃自己的理想，等于抛弃了自己。

在棋盘上，一枚卒子要能拼过河，不知道要经历多少磨难？在人生的路上，要泅渡过那条制约我们施展拳脚的河，同样是困难重重。其实，有困难才是正常的，如果没有让困难的河流阻挡淘汰，又该用什么来评定人的优秀与卓越呢？

随着人慢慢长大，很多理想也渐渐褪色。在一次又一次对于理想的放弃、遗忘以及对于现实的妥协、麻木中，很多人最终走向平庸。

把"不可能"变为"可能"

威廉·波音曾经是一个经销木材和家具的普通美国商人。他在观看了一场飞机特技表演后，迷上了飞机，于是决定前往洛杉矶学习飞行技术。

但是，他买不起飞机，他的年龄也限制了他成为飞行员的可能，学会驾驶飞机的技术对他这个商人能有什么用呢？看来，要满足驾机遨游长空的愿望，只能自己制造飞机。波音冒出了如此大胆的想法。

通过各方面的学习，波音逐步了解了飞机的结构和性能。在有了一定的准备之后，他开始找人合作，共同制造飞机。

那时候，他们不但没有工厂，甚至连一个受过专门训练的制造工人也找不到。波音只好动员他那家木材公司的木匠、家具师和仅有的三名钳工进行制造——这简直如同儿戏，飞机能在这样的情况下制造出来吗？

但不可思议的是，他们真的将飞机制造出来了。这是一架水上飞机，波音亲自驾着它进行试飞，并且取得了成功。

波音的信心高涨，他索性将木材公司改成飞机制造公司，专心研制飞机。时至今日，全世界每天都有数千架波音公司生产的飞机在天空中飞行，但谁能想到它起步之初的状况是多么不可思议呢！

威廉·波音的故事告诉我们：很多我们看似"不可能"做到的事，只要我们把焦点放在"如何去做"，而不是想着"这是办不到的"，就有可能做到。

威廉·波音在晚年曾对采访他的一位年轻记者说："面无惧色地面对每一次考验，你就会得到力量、经验与信心。"当我们面对一些似乎不可逾越的障碍时，只要我们有勇气向它们挑战，我们的信心也就会从中诞生，得到锤炼，变得无比坚定。

当一个人说你的梦想"不可能"时，你或许还能迎难而上。当十个百个千个人说你的梦想"不可能"时，你还能保持"可能"的信念吗？

纵观所有称得上"成就"的成功，都是将大多数人认为的"不可能"变为"可能"。如何将"不可能"变为"可能"？

第一，我们需要保持开放的心态。当波音决定制造飞机时，他并没有为已有的条件所限制。他没有专业的工厂，没有经验丰富的工人，自己也不是航空专家。但他选择从零开始学习，用开放的心态接纳新知识，这种态度为后来的成功奠定了基础。

第二，要善于整合现有资源。波音充分利用了自己木材公司的优势，将木匠和家具师转型为飞机制造工人。这种创新思维告诉我们，资源的价值取决于如何运用。有时候，看似不相关的技能或资源，经过创造性的整合，也能产生意想不到的效果。

第三，坚持学习和探索也是至关重要的。波音在决定制造飞机之后，投入大量时间研究飞机的结构和性能。他明白，要实现看似不可能的目标，必须先武装自己的头脑。这种不断学习的精神，不仅帮助他实现了最初的梦想，更奠定了波音公司后来发展的基础。

第四，勇于尝试和创新同样不可或缺。波音选择制造水上飞机，这本身就是一个创新之举。他不仅要面对制造的挑战，还要克服试飞的风险。但正是这种敢为人先的精神，让他能在航空领域站稳脚跟。

第五，我们要学会转变思维方式。当面对困难时，不要把注意力放在"为什么不可能"上，而要思考"怎样才能实现"。波音正是采取了这种积极的思维方式，才能一步步将不可能变为可能。

第六，要有坚定的信念和毅力。波音后来将木材公司完全转型为飞机制造公司，这需要极大的勇气和决心。他的成功告诉我们，只要坚定信念，持之以恒，就没有什么是真正不可能的。

波音的故事不仅仅是一个商业传奇，更是一个关于如何实现梦想的励志范例。它告诉我们，成功的路上没有所谓的"不可能"，只有我们是否愿意为之付出努力。当我们以积极的心态面对挑战，保持学习的热情，善于创新和整合资源，并且坚持不懈地朝着目标前进时，那些看似遥不可及的梦想，终将变成现实。

将"不可能"变为"可能"，除了在精神与意志上要战胜"不可能"外，还需要在方法上创新。

2015年12月21日，SpaceX公司成功实现了首次轨道级火箭返回地面着陆。在此之前，火箭被普遍认为是一次性的消耗品，这导致航天发射成本居高不下。传统航天界普遍认为，实现火箭的回收和重复使用在技术上极其困难，在经济上也不可行。

马斯克没有被传统思维束缚，他重新定义问题框架，采用了快速迭代的开发方法，不断进行实验和改进。为了降低成本和提高效率，SpaceX选择了大部分零件自主研发生产，而不是依赖传统供应商。这种垂直整合模式让公司快速调整设计，加快创新速度，不断地试错和优化，最终攻克了火箭回收的技术难关。

在创新的过程中，马斯克还善于将远大目标与务实执行相结合。他总是设定看似不可能的远大目标，如"让人类成为多星球物种"，但在执行层面却异常务实，会将大目标分解为可执行的具体步骤。

如果我们也能像马斯克那样，通过改变思维方式，突破认知边界，并且持之以恒地执行，我们也能够将很多"不可能"变为"可能"。

第三章

勤奋

"业精于勤，荒于嬉。"这句话出自唐代大散文家韩愈的《进学解》。它的意思是："学业由于勤奋而精通，由于玩乐而荒废。"这句话告诉我们，唯有勤奋，克服懈怠，事业才会有所成。

勤奋是成功的信使

贪图安逸会使人堕落，无所事事会令人退化，只有勤奋工作才能给人带来真正的幸福和乐趣。可以肯定的是，升迁和奖励不会落在玩世不恭的人身上。

世界上有很多看来离成功很近的人——在很多人的眼里，他们能够并且应该成为这样或那样非凡的人物，但是，他们并没有成为真正的英雄，原因何在呢？

原因在于他们没有付出与成功相对应的代价。他们希望到达辉煌的巅峰，但不希望越过那些艰难的梯级；他们渴望赢得胜利，但不希望参加战斗；他们希望一帆风顺，而不愿意遭遇任何阻力。

应该说，勤奋不是人类与生俱来的天性，相反，追求安逸倒是人类潜意识中共有的欲望。但无论任何人，只要长期不懈地努力，就能养成勤奋的习惯。

在西方，勤奋被称为"使成功降临到每个人身上的信使"。

牛顿童年时，当时的英国等级制度森严，学校里学习好的学生会歧视学习差的学生。有一次课间游戏，大家正玩得兴高采烈的时候，一个学习好的学生借故踢了牛顿一脚，并骂他"笨蛋"。牛顿愤怒极了。从那时起，牛顿下定决心，发愤读书。他早起晚睡，争分夺秒，勤学善思。

经过刻苦钻研，牛顿的学习成绩不断提高，不久就超过了曾欺侮过他的那个同学，在班级名列前茅。

后来，由于家庭的影响，牛顿一度辍学去学习经商。每天一早，他跟一个老仆人到十几里外的大镇子去做买卖。但牛顿非常不喜欢经商，他把一切事务都托付给老仆人经办，自己却偷偷跑到一处篱笆下读书。

一天，他正在篱笆下兴致勃勃地读书，赶巧被过路的舅舅看见。舅舅一看这个情景，很是生气，大声责骂牛顿不务正业，把他的书抢了过去，而一看他读的是数学书，上面画着种种记号，心里受到触动。他一把抱住牛顿，激动地说："孩子，就按你的志向发展吧，你真的应该去读书。"

在舅舅的帮助下，牛顿如愿以偿地再度叩响学校的大门，成为一个品学兼优的学生，为他以后的科研工作打下了坚实的基础。

勤奋具有点石成金的魔力。那些卓越非凡的人物，他们视勤奋为成功的基石，通过不懈努力，让人类因他们的贡献而受益良多。拖延，则是成功路上最大的绊脚石，它不仅消耗着我们的精力，还侵蚀着我们的志向，让我们从生活的主动者变为被动的接受者。

如果你觉得自己是个天才，认为"成功会自然降临"，那将是误导你的最大错觉。请你尽快放弃这种错觉，一定要意识到只有勤勉地工作才能获得自己希望得到的东西。

在成长的征途上，勤奋是最有效的驱动力。从古至今，无论是文学巨著、艺术瑰宝，还是政治领袖、诗人雅士、商业精英所取得的辉煌成就，无一不是勤奋工作的结晶。勤奋，是成就伟大事业的不二法门。

懒惰是人生的天敌

人最大的敌人往往是自己。有人说，能战胜别人的人是英雄，能战胜自己的人是圣人。应该说，事业失败的人，往往不是被别人打败的，而是败在了自己的手里。很多人对自己的懒惰无可奈何，最终战胜不了懒惰，只得放弃自己心爱的事业。

一个人如果惰性十足，那么这个人也将一事无成。因为，劳动创造了人类，劳动创造了世界，劳动净化了灵魂。一个人如果厌恶劳动，惧怕艰苦，大脑得不到进化，又不能创造物质来供自己享用，就更谈不上事业成功了。

懒惰要毁灭一个人是轻而易举的。人一旦背上懒惰的包袱，就会成为一个精神沮丧、无所事事、浑浑噩噩的人。那些生性懒惰的人更不可能成为事业成功者，他们只是社会财富的消费者，而不是社会财富的创造者。

在现实生活中，我们仰望那些事业有成之人时，不应仅聚焦于他们成功后的荣耀与风光，或是他们享有的尊重与生活的惬意。他们的成功都是用辛勤劳动换来的。翻开他们的字典，你不会看到"懒惰"这个词，而"勤劳"两个字却显得格外耀眼。

清华大学的食堂里出了个"英语神厨"，英语过了六级，还写了一本畅销书，从厨师一跃走上了新的重要工作岗位。他是怎么成功的？当然是付出了更多的努力啊！晚上为了多看半个小时的书，他主动承担起打扫宿舍卫生的工作，以此来获得半个小时的读书时间。只要有时间，他就往"英语角"跑，偷偷地混在大学生中间，跟他们用英语交流……他的成功是用辛苦的汗水换来的。

而那些懒惰成性、游手好闲、不肯吃苦的人，不是不想成功，不是不想致富，只是他们害怕或者不愿意付出劳动，更不要说付出辛苦的劳动了。无论多么美好的事物，人们只有付出相应的劳动和汗水，才能懂得这美好的事物来之不易，才能从这种拥有中感受到快乐和幸福。

养成自制的好习惯

　　任何一个成功者都有着非凡的自制力。自制力的构成是一个矛盾体，矛盾的一方是感情，另一方是理智。如果任凭感情支配自己的行动，那便使自己成了感情的奴隶，这正是缺乏自制力的表现。人应该有让理智战胜感情，控制自己命运的能力。在理智与情感的交锋中，自制力能够帮助你的理智取得胜利。理智的胜利，是人性的胜利，是一个人能够战胜自我、走向成功的不可或缺的素质。

　　鲁迅先生小的时候，有一次上课迟到了，当时老师并没有怪他，可是他却很自责，于是在课桌上刻了一个"早"字，来时刻提醒自己。从此以后，鲁迅先生就真的再也没有迟到过。

　　法拉第性格倔强，脾气古怪，甚至有点儿暴躁，但他靠惊人的自制力，让自己表现得总是温文尔雅。在这个世界上，诱惑无处不在，欲望随时会产生。但是法拉第把全部的精力都投入了科学事业，坚决抵制一切诱惑而专心沿着纯科学之路探寻、求索。正如廷德尔先生所说："纵观他的一生，这位铁匠的儿子、装订工的学徒不得不在15万英镑的巨额财产和他所热爱的科学事业之间做取舍。他义无反顾地选择了后者，死时一贫如洗。但是，他的名字在四十年里一直光荣地名列英国科学名人录的榜首。"

　　拿破仑·希尔曾对美国各监狱的16万名成年犯人做过一项调

查，发现在这些犯人中，有90%的人是因为缺乏自制力而入狱的。自制力不强，不但给他人和社会带来了伤害，自己也受到了惩罚，受到了法律的制裁。

三国时期，蜀相诸葛亮亲自率领蜀国大军北伐曹魏，魏国大将司马懿采取了闭城休战、不予理睬的态度对付诸葛亮。司马懿认为，蜀军远道来袭，后援补给必定不足，只要拖延些时日，消耗蜀军的实力，一定能抓住良机，战胜对方。

诸葛亮深知司马懿沉默战术的厉害，几次派兵到城下布下骂阵，企图激怒魏兵，引诱司马懿出城决战，但司马懿一直按兵不动。诸葛亮于是用激将法，派人给司马懿送去女人衣裳，并修书一封说："仲达（司马懿）不敢出战，跟妇女有什么两样？你若是个知耻的男儿，就出来和蜀军交战，若不然，你就穿上这件女人的衣服。"

"士可杀，不可辱。"这封充满侮辱轻视的信，虽然激怒了司马懿，但并没使老谋深算的他改变主意。他强压怒火，稳住军心，甚至真的穿上了诸葛亮送来的衣裳，高高兴兴地耐心等待。

相持了数月，诸葛亮不幸病逝军中，蜀军群龙无首，加上补给不足，只能悄悄退兵，司马懿不战而胜。

抑制不住情绪的人，往往伤人又伤己。如果司马懿不能忍耐一时之气，出城应战，那么或许历史将会改写。

现代社会，人们面临的诱惑越来越多，如果缺乏自制力，就会被诱惑牵着鼻子走，偏离成功的轨道。

学会休息，才会事半功倍

一位女士因为特别喜欢一双皮鞋，便天天穿，于是不到半年，鞋子就磨坏了。她拿去修补时，鞋匠看了看皮鞋说："这鞋子确实不错！但由于你天天穿，它的皮革没有得到适当的休息，就消耗了使用寿命。以后你买鞋子，最好同时买两双，然后两双鞋子交替着穿，若每双鞋子隔一天才穿，那么每双鞋子至少可穿上两年。"

修鞋匠一边修，一边与女士聊天。他说："我过去在农村种田。种过田的人都知道，不能在同一块土地上年复一年种植同样的农作物。如果今年种玉米，明年就可以改种豆类，因为玉米会从土壤里吸收某种养分，必须靠种豆类把养分带回来或者让它们吸取另外的养分，若是养分完全恢复过来，下次再种植的时候，必然会有很好的收成。"

同样，有位保龄球馆工作人员在介绍自己的工作时，也曾说过，保龄球馆每隔一两周，就会把目前使用的保龄球木瓶都收起来放到储藏架上，并且把所收藏的另一套保龄球木瓶拿出来更换。目的就是让保龄球木瓶有"休息"的时间。原来木瓶若没有充分休息的话，它们很快就会失去"活力"，便没有办法恢复正常的弹跳了。你看，连保龄球瓶子都需要适当地喘息，何况人呢！

现代人认为只有废寝忘食地工作，才能取得优异的成绩，并以牺牲休息为自豪。其实这是错误的。

学校老师出了十道数学题给同学回去解答，规定星期一交。小华和小强两人同班而且是邻居，星期日的早上，小华在窗口看见小强正要出门，于是很好奇地问："小强，你数学题做完了吗？""还没！"小强回答。"还没？那你怎么不做完再出去？""我出去打球运动运动，回来再做。小华，你要不要一起去？"小华摇头。于是，小强就走了。小华一个人坐在书桌前思索，也不知道坐了多久，腰都僵了，腿也麻了，然而只做完两道题，中午吃饭时间就到了。下午一吃完饭，小华就又忙着做功课去了，连他往常爱看的电视都顾不上看了。有一道题他越想，脑筋越呆滞，怎么也解不出，便想和小强一起研究。到了小强家，小强母亲说他在睡午觉。小华却颇惊异地在小强书桌上看见，他已做完五道习题了。一个小时后，小华再去找小强，见小强正在算习题，速度又快又准确。小华心生羡慕，便向小强求教。"我只是让自己心情放松，把数学题想得很有趣，真的想不出解题方法，就去活动一下身体，呼吸呼吸新鲜空气，让脑袋比较清醒而已。"小强如是说。

从这个故事我们可以悟到，只是一味工作，不懂劳逸结合，往往事倍功半，只有学会休息，才能事半功倍。"休息，是为了走更长远的路。"这是条至理名言。一时想不出对策的问题，暂且搁在一旁，出去吹吹风、透透气，能让思路更通畅。生活规律正常，工作上力求表现，也别忘记休闲娱乐的必要性，否则把自己折磨得像一根绷紧的弹簧，迟早会松弛、报废。工作与休息的时间虽不等量，但是相辅相成。休息时不去想工作，玩得尽兴；一旦投入工作，则必心无旁骛。

第四章

坚忍

"锲而不舍，金石可镂。"成功贵在坚持，不放弃就会有希望。成大事者皆恒心。世上没有任何东西可以替代坚持。坚持是排除万难、走向巅峰的基石。一个人唯有坚持到底，才能收获最后胜利的果实。人生难免遇到不顺，这时候我们一定不能忽视了坚忍的力量，因为只有坚持和忍耐，才能把不可能变为可能。

不怕无能，就怕无恒

　　生活中，很多人之所以没有成功，并不是因为他们缺少智慧。而是因为他们面对困难没有坚持的勇气。就像一句名言所说："没有一份工作是旷日持久的，除了那份你不敢坚持下去的工作。"

　　孔子带学生去楚国，经过一片树林时看到一个驼背老人拿竹竿粘知了。老人好像是从地下捡东西一样，随便一粘就是一个。于是孔子问道："你这么灵巧，一定有什么妙招儿吧?"

　　驼背老人说："我是有方法的。我用了五个月的时间练习捕蝉技术。将竹竿竖起，如果在竹竿顶上放两颗弹丸不掉下来，那么去粘知了时，知了逃脱的可能性是很小的；如果竹竿顶上放三颗弹丸不掉下来，知了逃脱的概率只有十分之一；如果一连放上五颗弹丸不掉下来，粘知了就像拾取地上的东西一样容易了。我站在这里，有力而稳当，虽然天地广阔，万物复杂，但我看见的、想到的只有'知了的翅膀'。若因万物的变化而分散精力，我又怎么能捕到知了呢?"

　　成功者对自己将要从事的行业有强烈的愿望，并对其充满希望，然后会拼命工作。如果一个人拼命工作，那么他一天二十四小时都会不停地琢磨如何更好地达成自己的目标，因为要想成功，恒心是必不可少的。

　　在千姿百态的自然界，金盏花除了金色的就是棕色的，还没有人有幸见过白色的金盏花。所以，一则园艺所重金征求纯白色金盏花的启事一登出，即在当地引起轰动。可是，许多人一阵热血沸腾之后，就把那则启事抛到九霄云外去了。

一晃二十年过去了，人们早忘了那则启示，那家园艺所也换了几代人。一天，园艺所所长意外地收到了一封热情的应征信和一粒纯白色金盏花的种子。原来，一个年逾古稀的老人终于发现了白色的金盏花。

老人是一个地地道道的爱花人士。她二十年前偶然看到那则启事后，便不顾儿女们的一致反对，要培育白色的金盏花。最初，她撒下了一些普通的金盏花种子，精心侍弄。一年之后，金盏花开了，她便从那些金色的、棕色的花中挑选了一朵颜色最淡的，取得了它的种子。次年，她又把这颗种子种下去，等到金盏花开的时候再挑选出颜色更淡的花种……就这样，日复一日，年复一年，终于，在二十年后的一天，她在那片花园中看到一朵金盏花，它不是近乎白色，也并非类似白色，而是如雪的白。

于是，一个连专家都解决不了的问题，在一个不懂遗传学的老人的长期努力下迎刃而解。

对于真正的成功者而言，世界上不存在失败。他们认为：只要义无反顾地坚持下去，就没有什么不可能办到的事情。

轻易放弃者与成功无缘

　　小妮毕业已经三年了，至今还没有一份固定的工作，回到老家去又怕丢面子，于是只好"漂"在毕业的这个城市。幸亏她同学很多，她就这么蹭吃蹭住打发着时间。不能蹭时，她就回家向父母要点儿零花钱。眼看房租就到要期了，每日的吃饭也快成问题了，她只得厚着脸皮找比较要好的朋友帮忙。

　　小妮第一次应聘的是私企，但她仅在那个远郊的单位待了不到一个月就撑不下去了，原因是觉得那里离市区太远、太冷清，她忍受不了精神上的寂寞。尽管这个单位的领导和员工们都很看好她，她反而觉得这正好证明这个单位缺乏像她这样的人才，她在这里是大材小用了，于是她甩手就走，另攀高枝。接着，她应聘的是市里的一家小百货公司，应聘的职位是经理助理，但是这家刚成立的小公司一切还不规范，工作节奏又快，加班是常事。还不到一个月，她就因无法忍受那里的工作节奏而选择离开了。其实，并不是没有单位接收她，而是她自己东挑西拣，哪里都感到无法称心如意而造成的。

　　这之后，小妮又去应聘过许多工作，都觉得不理想。在小公司做文秘，她嫌活儿太烦琐、太单调、没有前途，大公司她又进不了。在培训学校当老师，她嫌太操心，而且学生们不好管，做教师压力太大。就这样，换工作成了她的家常便饭，但她始终也没找到一份令她满意的工作。

　　三年的时间过去了，小妮的同学们有的升职，有的转行找到更好的工作，都在这个城市安了家。唯独她，一份固定的工作也没有，更不用说成家立业了。快30岁的她又一次走向人才市场。终于，她看好了一家企业，把简历填好递给招聘人员时，不由得缩回了手。原来，这是她第一次应聘的那个郊区的企业。几年来，这家企业不断发展壮大着，现在已经兼并了市里的几家配套企业，这次就是为新公司的成立而招聘优秀人才的，她羞愧得掉头就走。当她来到又一家人头攒动的招聘摊位前时，公司的介绍让她惊呆了。原来这是她第二次应聘的那家小百货公司。几年来，他们通过配货等方式，由小百货商店做成了大超市。最后，毕业三年的她竟然还比不过刚出校门的学生，因为她至今也还没积累过一个行业的工作经验，只能面临被淘汰的结局。

　　最后，一位好心的朋友实在看不下去她的惨状，为她介绍了一个单位。她权衡了一下，为了留在这个城市，只要能找到一个单位就行。这次，她早已顾不上挑三拣四了，虽然在小公司做文秘，但她每天打字、复印、发报纸、接电话……丝毫都不敢懈怠，业余时间还写一些文章投稿。后来，她有几篇文章竟被当地报社采用了。公司办公室领导看到了，正赶上要编内刊，于是把她抽调到办公室。公司和报社在同一栋楼。当报社改制时，她报名应聘并上岗。后来，随着不少的作品获奖，她晋升成为部门主任。

　　回想自己走过的路，小妮感触最深的就是无论干什么，都不要轻易放弃。如果自己当年不放弃，也许会是很有经验的经营者了；如果后来不坚持，一生都将随波逐流了，也永远看不到希望所在。

任何成功，都是点滴积累的过程，都与半途而废无缘。唯有在积累中升华和提高，做出成就，最终才会被社会承认。当你看好了前进的方向时，更需要做到的是不抛弃、不放弃。

永远要再坚持一下

　　成功与失败的差别很小，成功不过是比失败多一点东西：再用一点力，再试一次，再坚持一下。一件事情，如果有一个良好的开端，在没有达到目标之前，不应中途放弃。想要取得成功，就永远要再试一次，直到目标得以实现。

　　一场比赛的最后几分钟，往往正是输赢的关键。只要再坚持一下，就能获得成功。没错，也许就是最后的坚持，决定了他的成功与失败。

　　有个记者采访一位事业有成的企业家："为什么你在事业发展过程中经历了那么多的困难和阻力，却从不放弃呢？"企业家答道："你观察过一个正在凿石的石匠吗？他在石块的同一位置恐怕已凿过了一百下，却毫无动静，但是就在凿那第一百零一下的时候，石头突然裂开了。并不是这第一百零一下使石头裂开，而是先前凿的那一百下。"

　　拿破仑·希尔发现，每一个他访问过的富人都有共同的特征：他们在成功之前，都遭遇过非常大的险阻。表面上看来，事情应该罢手了，放弃了，殊不知，就是差这一步就能到达终点。

　　有一位世界著名的游泳好手想要横渡英吉利海峡。这天，她游近加利福尼亚海岸时，嘴唇已冻得发紫，全身一阵阵地打寒战。她已经在海水里泡了十六个小时。远方，雾霭茫茫，浓雾使她难以看到海岸。这时，她离陆地只有不到一千米了，可是她冷得发抖，又看不到陆地，于是请求她的朋友们把她拉上了岸。

事后，她说："如果当时我能看到陆地，就一定能坚持游到终点。"

许多人做事容易半途而废，其实，只要他们再多花一点力气，再坚持一下，那些已经下大功夫争取的东西往往就会得到。因为最后的努力奋斗，往往是胜利的一击。

法国著名微生物学家巴斯德说："告诉你助我达到目标的奥秘吧，我唯一的力量是我的坚持精神。"

有许多一事无成者，并不缺乏追求的目标，而是经常在遇到困难时放弃目标。人生唯一的失败，就是选择放弃。因此，当事事都显得不顺心时，你应该继续坚持，再试一次。只要坚持，就一定会成功。

理查·巴哈所写的故事《天地一沙鸥》，在出版前曾被十八家出版社拒绝，最后由麦克米兰出版公司发行，上市短短五年时间，单在美国便卖出了七百万本。

写《飘》的作者米歇尔，曾拿着她的作品和八十个出版商洽谈，却被拒绝了八十次，直到第八十一个出版商愿意为她出书。

这些人不肯放弃，因为他们知道，人生上半场的比赛得分一点也不重要，更知道人生没有真正的失败，有的只是半途而废。

坚忍使成功变成可能

　　人活一辈子，总会有陷入逆境的时候，而要突破逆境，有一个小细节是必须注意的，那就是坚忍，只有坚忍才能"守得云开见月明"。

　　陷入逆境后，很多人往往会变得急躁，人一急躁则必然无法深入事物的内部去仔细研究和探索事物发展的规律，无法认清事物的本质。一句话——缺乏忍耐，心浮气躁，就无法战胜困境。

　　在别人都停止前进时，你仍然前行；在别人都已失望而放弃时，你仍然坚持。这是需要很大勇气的。然而，正是这份坚持的力量，让你能够获得比他人更优越的位置、更高的薪资，站在更高的层次上。这种忍耐力，是不被个人情绪左右，始终如一地执行的能力，也是逆转困境的关键所在。最终，只有那些坚韧不拔的人，才能赢得最终的胜利。

　　吴一坚先生原本只是一名普通的工人，但在改革开放的浪潮中，他踏上了在挑战中坚忍前行的道路。1984年，他毅然辞去西安一家工厂的工作，怀揣600元人民币只身到广州打工。1985年，他离开广州，到海南发展，成为海南第一批弄潮儿的一员。

　　经过周密的调查，吴先生准备在海南筹建一座年产20万台的电视机厂。当时，很多人无法想象他是如何去做这样的大事的。在一般人看来，建一座年产20万台电视机的工厂是天方夜谭，而吴一坚这个27岁的北方小伙子却想搞这样大的工程，因为他了解当时整个中国市场电视机的紧俏和海南刚刚起步的特点。他认为一个人只有善于了解周围的环境，才能调动周围的一切有利因素，以最快的速度、最小的投入换来高效率与高效益。于是，他以"经营25年之后，厂房设备拱手让出"的方式圈地，又以"预交3%质量保证金"的方式将厂房建设工程承包出去，以"生产以后80%的电子元件由香港一家公司供给"的许诺，令其先投资。

为了联系全国大电视经销商，他亲自出马，几乎是一天24小时都在赶车或谈判，全国各大电视经销企业被吴一坚的真诚和执着打动，纷纷交足预订款，提前预订了产品，帮他解决了资金周转的问题。

外部环境理顺以后，吴先生一头扎进了工地。工资不能及时支付时，工人们怠工，他一个个地解释，把自己身上所有的钱发给工人。就这样，吴先生靠着坚忍和真诚，使工人们与他同甘苦共患难，终于以超常的速度建成了一座大型电视机厂。

就这样，靠着苦干和坚忍不拔的意志，吴先生把第一批电视在海南这块炙热的岛屿上"摇"出来的时间，满打满算只有10个月。投产后，公司资产由他怀揣的600元变成了3亿元。

得知吴先生拥有3亿元的资产，有人只是欣羡他发了大财，但其间的艰难和忍耐又有谁能知道？

"三十年河东，三十年河西"的中国古话，是告诉我们，我们即使目前处于困境中，也终究会有峰回路转、柳暗花明的一天。对前途抱乐观的希望，忍耐现在的痛苦，等待时来运转是十分有价值的。

人们常说"失败是成功之母"，这不是励志的格言，而是人们通过辛酸苦辣的生活得出的真理。人生中，经过一次失败，便加一分知识，长一分经验。失败越多，最后可能取得的成就也越大。

　　成功的机会对于每个处在困境中的人都是均等的，但是，成功并不是每个人都能获得的，它属于坚忍者。在逆境中崛起须有坚忍之志，而坚忍之志来源于对事业孜孜不倦的追求。

第五章

惜时

"一寸光阴一寸金，寸金难买寸光阴。"时间是一种无形的资源，是人生中最宝贵的财富。我们常常听到"光阴似箭，日月如梭"的说法，时间的流逝是如此迅速而不可逆转。因此，每个人都应该意识到时间的珍贵，珍惜眼前的每一分每一秒。

时间宝贵，须风雨兼程

一天又一天，时间就像一个乔装打扮的朋友，如约前来拜访我们，它的手上，携带着无价的礼物。但是，如果我们不珍惜它，它就会悄无声息地溜走，就像针尖上的一滴水滴在时间的河流里，无声无息，无影无踪。

每一个鸟语花香的早晨，伴随着东方初升的那一轮旭日，新的礼物又来了。但是，如果我们没能接受那些在昨天和前天来的礼物，那么，我们欣赏和利用今天这份礼物的能力也将逐渐萎缩、退化，直至那么一天，我们完全丧失了这种能力。丧失的财富可以通过秣马厉兵、东山再起而赚回，忘掉的知识可以通过卧薪尝胆、勤奋努力而复归，丢掉的健康可以通过饮食的调节和医疗保健来改善，而唯有我们的时间，流失了，就永不再回。

对时间情有独钟的比尔·盖茨，在和友人的一次交谈中说："一个不懂得去管理时间的商人，那他就会面临被淘汰出局的危险。而如果你管住了时间，那么就意味着你管住了一切，管住了自己的未来。"

其实何止商人需要懂得时间管理，我们人人都要念好时间管理这本"经"。唯有对时间进行科学管理，才能合理地运用有限的时间，以便更好地达到自己的目标。

小慧学习很努力，平时成绩中上，意外地以6分之差与心仪的大学失之交臂。

虽然没有考上理想的大学，但家人对目前的结果也是感到满意的。然而小慧的失落却是显而易见的。

原来，高考数学试卷上有一道15分的解答题，她在考试前一天从一本习题册上看到了同类题型。她想着马上就考试了，应该放轻松一些，好好休息，而且觉得考试未必就会出这类的题，于是合上书本出去散步了。结果，考场上，正是这类的题难住了她。

如果当时她花上20分钟看一下那道题，或许就能考上自己心仪的学校，不必像如今这样承受巨大的失落与自责。

痛苦不是因为失败，而是因为你本可以。高考前夕的那20分钟，看似微不足道，却成了改变小慧人生轨迹的关键时刻。这不禁让我们反思：在日常生活中，我们是否也经常因为觉得"没必要"、认为"可以等等"而错过了重要的机会？

那些看似微小的时间碎片，累积起来可能就是成功与失败的分水岭。

要想在人生的道路上走得更远，我们必须具备风雨兼程的精神。这意味着我们要在顺境时加倍努力，在逆境时更要坚持不懈。时间不会因为天气晴朗就多给我们一些，也不会因为风雨交加就放慢脚步。我们唯有在任何情况下都珍惜时间，才能确保不会留下遗憾。

管理时间不仅仅是按部就班地安排日程，更重要的是要有战略性的思维。这包括确定优先级、合理分配资源、提高效率，以及在关键时刻做出正确的选择。就像园丁精心照料花园，我们要懂得什么时候播种、什么时候浇水、什么时候修剪，才能收获丰硕的果实。

时间就像流水，一去不复返。我们既不能像守财奴一样对时间斤斤计较，也不能像挥霍者一样任其白白流逝。智慧的做法是像企业家一样经营时间：既要有长远规划，也要注重当下的投入；既要有效率意识，也要保持灵活应变的能力。

你有你要赶去的远方，必须披星戴月，风雨兼程。将寸寸光阴都铺成脚下的路，你才能到达梦想的地方，活成你想要的模样。

把时间用在最重要且紧急的事情上

时间对于每个人都是公平的，但由于不同的人对时间的使用和管理不同，最终产生的效果也就有所不同。

为此，畅销书作家理查德·科克曾提出了一个著名的"80/20定律"，即20%的事情决定80%的成就。也就是说，我们要用80%的时间去做好那20%最重要且紧急的事情，然后再用剩下的20%的时间去做那80%不太重要、不太紧急的事情，我们的执行效率才能得到飞速的提升，我们才能做出一番骄人的成绩。

美国史卡鲁大钢铁公司的总裁查鲁斯是个追求面面俱到的人，因为精力不够导致不少事情半途而废。他为此非常烦恼，便向效率研究专家艾伊贝·李请教解决此问题的办法。

艾伊贝·李给他的建议是这样的：

不要想把所有事情都做完。

手边的事情并不一定是最重要的事情。

每天晚上写出你明天必须做的事情，按照事情的重要程度排列。

第二天先做最重要的事情，不必去顾及其他事情。第一件事做完后，再做第二件，以此类推。

到了晚上，如果你列出的事情没有做完也没关系，因为你已经把重要的事情做完了，剩下的事情明天再做。

最后，艾伊贝·李说："每天重复这么做，如果感觉效果超出你的想象，就可以指导手下照着做。在做到你认为满意时，你只要付给我一张你认为相等价值的支票即可。"

查鲁斯试了一段时间后，感觉效果非常惊人。于是，他要求下属也跟着做。结果，艾伊贝·李得到了一张两万五千美元的支票。

通过这个故事，我们不难得出一个结论：一个人如果懂得管理时间，总是优先处理最重要、最紧急的事情，那他做起事来不但有条不紊、不慌不乱，而且能够节约时间，提高自己的执行效率，当然，最后完成的效果也是不同凡响。

歌德曾经说过："善于掌握时间的人，才是真正伟大的人。"此话不假。放眼周围，做事能分清轻重缓急不仅是聪明人的做法，也是成功人士的必然选择。

只有凡事分清主次，我们才能把有限的时间用在最重要、最紧急的事情上，才能用最少的时间和精力求得更大的回报。反之，如果我们做事总是轻重不分，轻重颠倒，把暂时不重要、不紧急的事情放到了前面，而把最重要、最紧急的事情放到了次要的位置，那只会让自己沦为时间的奴隶，大大地降低自己的执行效率。

提高运用时间的质量

提高运用时间的质量有以下四个方法。

1. 一开始就把事情做对

当一群人竞争的时候，哪种人能获胜？当然是"错得少的人"！这就好比开车到某地，在不赶时间的情况下，你可以说："慢慢找，错了再掉头，总会到的！"但为什么不想想，如果能先看好地图，先找出正确路线，你心中就不必那般茫然，也就不必担心走错了再掉头？省下了时间，我们可以做其他的事。

时间，这正是问题所在！二十年前车少，你可以很容易地掉头。今天处处是单行道，只怕错过一个出口，就要用上很长的时间才能找回去。

如此说来，为什么要匆匆行动呢？

在这讲求效率的时代，不先做好计划就匆匆行动的人，已经注定了失败！

2. 保持最佳情绪

良好的情绪是人机体的润滑剂，可以促进生命运动，给人以充沛精力。谁都有这样的体验：在情绪好时，心理放松，竞技状态就佳。良好的精神状态可以大大增加有用功，减少无用功。因此，一个人要努力使自己热爱事业、热爱工作、热爱生活、乐观豁达、目光远大。尤其是刚刚步入社会的青年人，更应学会控制自己的情绪，使自己善于控制因身体、感情的挫折以及对新环境的不适应而引起的情绪不稳，保持最佳的情绪状态，以旺盛的精力、良好的心情，度过充实而有意义的高质量的人生。切莫让忧虑、犹豫和痛苦压倒自己。这种情绪既不能挽回过去，也不能改变将来，只会贻误宝贵的青春，浪费宝贵的时间。

3. 学会适当休息

从生理学观点来看，人的全身是一个整体，各个部位能和谐地运动，全靠中枢神经系统的调节。神经细胞活动时，消耗神经细胞内的物质，而当它们处于抑制状态时，能通过生化作用让细胞新陈代谢，吸收血液中的养分。如果兴奋状态长时间持续下去，各种营养物质得不到补偿，神经细胞就会死亡。因此神经细胞进行的工作具有一定的限度，有一个临界强度值。如果工作持续太久，超过了这个临界强度值，就会出现效率的下降，这时，大脑就会应用其他的行为方式，加以适当调节，才能保证工作的持久性和效率。因此，劳逸结合，适当休息显得十分重要。不能把休息仅仅理解为睡眠，休息还包括体育锻炼、旅游等有益身心的活动。

4. 利用最佳时间

一个人在一天24小时中，各个时段的精力都不相同，而不同的人又有差别。有的人早晨精力好，有的人晚上精力好；有的人早晨起床后半小时最容易激发创新意识，有的人喜欢把重大问题放在早饭后考虑；有的人擅长连续思索，思绪高潮往往在连续思索开始后一小时左右出现。我们把工作效率最高、能动性最强的那段时间称为最佳时间。每个人都应从自己的具体情况出发，根据自己的"最佳时间"出现的规律，尽量将高质量的"时间能源"提供给最重要的需求，最大限度地开发和利用"时间能源"。

列出时间安排进行分析

使用时间记事表是时间管理有效的工具之一。不要把填写这种表当作例行公事，它可是一种自我诊断与自我指导的方法，每隔几个月，特别是当办事效率减退时，更要采用这种方法来提高自己的办事能力。使用这种记事表要比看起来容易得多。

制作一张每日时间记事表，根据你自己的状况不断加以修止。表格主要可以包括两栏：一栏是"活动事项"，另一栏是"业务功能（活动目的）"。把一天的办公时间分为每15分钟一个时间段，然后在上面打两个记号，每一栏下面一个，并且按照需要，在"附注"栏中注明你确实做了些什么。

你可以把这张表放在办公位旁边的架子上，不使用的时候就看不到它，然后半个小时左右（不超过一个小时）填写一次。一天积累下来，它产生的效果极为惊人。

你会发现以前根本说不清楚时间究竟都用到哪里去了，记忆力在这方面是不可靠的，因为我们往往只记得一天中最重要的事情——也就是我们完成了某些事情的时刻，而忽略掉我们浪费或未能有效利用的时间。那些琐碎的事项、小小的分心都不太重要，所以我们记不住，但这些正是我们最需要辨明并加以修正之处。

填写这个表两三天之后，你会惊讶地发现，有很多地方可以改进。例如，你可能发现自己竟然花了那么多的时间用于阅读贸易刊物、报纸、报告等，因此想找出一个办法来减少用于这方面的时间。你也可能惊讶地发现，自己竟然花了那么多时间在赴约的路上，因此会想办法改进行程表，一次去几个地方或多利用电话联系业务。你也可能发现自己把计划15分钟的喝咖啡、休息时间竟延长到了40分钟（从办公桌到咖啡店打个来回）。花40分钟或许是值得的，但是只有在你从文字记录中确实看出你究竟用了多少时间之后，你才能够判定这件事是不是值得花那么多时间。

不过最重要的是，你会更惊讶地发现，你实际上只用了一点点时间做你认为最优先的事。而和你东奔西走地处理那些次优先的事务相比，你用于计划、预估时间、探寻和利用机会，以及努力达到目标等的时间真是太少了。时间记事表具有把冷水泼在头上的效用，虽然一时间你会感到不愉快，却能让你清醒过后，重新振作起来。

我们每个人都需要自律，就应该学会绘制或填写时间记事表，在真正做到之后，保证会出现一些惊喜的效果：在几天以内，只需用远比自己想象中少得多的时间来填写时间记事表，它一定会为你使用时间指出重要的改进途径。

今天就开始制订一张时间记事表吧！

第六章

诚信

"言必信，行必果。"这句话出自《论语》。原句是："言必信，行必果，硁硁然小人哉。"这里的"小人"指的并不是坏人，而是"普通人"。整句话的大意是："说到一定做到，做事一定坚持到底，不问是非地固执己见，那是浅薄鄙陋的普通人也能做到的。"在这里，孔子的意思是："言必信，行必果"应该是做人最基本的原则，就算是普通人，也应该遵守。

承人之信，忠人之事

人无诚信不立，业无诚信不兴，国无诚信不强。可以这样说：我们行走在社会上，有多少人相信你，你就有多少成功的机会。

武秀君和丈夫一直从事建筑施工生意。几年前，丈夫赵勇因事故去世，留下了个人名义外债达二百七十万元。武秀君在承受巨大痛苦的时候，没有丢掉诚信，走上了代夫还债的漫漫长路。武秀君收集了丈夫所有的外债条目，给所有债权人打电话，一一告知她的电话号码，并且把所有欠款签字改成了自己的名字。有很多人并没有向她要账，她却主动打电话，表示一定要把欠款还上。而后的五年，武秀君吃苦揽活儿，和孩子省吃俭用，终于还清了欠款。

这是一个伟大的中国妇女的情操。在武秀君的心中，失去亲人的痛苦和如山的外债，都不能改变一个人所应具备的诚信。我想，在武秀君的丈夫去世后，肯定有相当大的一部分债主认为自己的钱很难收回了。但是，武秀君不仅没有逃避这件事，而且在那样的困境中，用自己最大的力量维护丈夫的诚信，主动偿还，用自己的行动诠释了"诚信"二字的真谛。

承人之信，忠人之事。当别人用他们的信任来帮助我们的时候，如果我们连最基本的偿还都做不到，那还有什么诚实守信可谈？生活在这个世上，每个人都具有社会性，每个人都需要别人的帮助、协助。而在帮助与被帮助之间，正需要有一个最根本的、最有行为指导力的准则，那就是诚信。

　　承人之信，忠人之事，诚信，不仅是中华民族传统美德的体现，也是每个人立足于社会的根本保证。

言而有信才能赢

古人云："人无信，不可交。"对朋友要以诚相待，记住自己的许诺，言而有信，行而有果。有比金钱更重要的东西，那就是真诚和信任。

范式，字巨卿，东汉时期山阳郡金乡县（今山东省济宁市金乡县）人。他年轻时在太学求学，与汝南郡（今河南省驻马店市汝南县）人张劭是同窗好友。两人同时离开太学返乡，范式对张劭说："两年后，我将到你家拜见你的父母，看看你的孩子。"两人约好了日期。

约好的日期快到的时候，张劭把这件事告诉母亲，请母亲为他准备酒菜招待范式。母亲不太相信，说："你们分别已经两年，且相隔千里，你就那么相信他吗？"张劭回答："范式是一个讲信用的人，他一定不会违约的。"母亲说："如果真的是这样，那我就为你酿酒吧。"到了约好的日子，范式果然来了。大家一起饮酒，尽欢而别。

英国政治家福克斯以言而有信著称。他的父亲是一名正统的英国人，曾给小福克斯上了生动的一课，给这个少年留下了不可磨灭的印象。

18世纪，富有的英国绅士的住宅大都坐落在漂亮的花园内，福克斯家的花园里有一座旧亭子，他的父亲想将其拆除，并在较为开阔处另建一座。小福克斯从住宿学校回家度假，正巧赶上工人在拆亭子。满怀好奇心的孩子很想亲眼看一看亭子是怎样拆除重建的，所以打算迟些天返校。而父亲要他准时到校上课。为此，父子间发生了争论。母亲如同大多数慈母那样，在旁替小福克斯说情。末了，父亲答应将亭子拆迁之事推迟到来年假期。于是，小福克斯就离家返校了。

父亲想，儿子在学校里忙于学习，慢慢地会把此事忘掉。于是，儿子一走，他就让人把亭子拆了，在另一处盖了一座新的。谁想到儿子却一直把亭子拆除重建这件事记在心头。假期又到了，小福克斯一回家，就朝旧亭子走去。早餐时，他郁郁不乐地对父亲说："你说话不算数！"年迈的英国绅士听后大为震惊，严肃地说："孩子，你说得对，我错了，我这就改。言而有信比财富更重要。纵有万贯家产也不能抵销食言给心灵带来的污点。"说罢，父亲让人在亭子旧址盖起了一座亭子，又当着孩子的面将其拆除。

孟尝君是战国时期齐国公子，善于招贤纳士。他听说泗水两岸出产一种石料，美丽而坚固，于是打算买一些来做成寺庙里的磬，以振兴雅乐。他派了很多人带上金银去了泗水。泗水的百姓知道了，认为振兴雅乐是件有意义的事，纷纷主动赶来帮忙采集石料，不但不肯收一文钱，还装了十车的石料，派使者给孟尝君送去。孟尝君将泗水来的宾客安排在旅馆住下，并没按原来说的用石料做磬，而是堆在了外面。恰巧宫墙的墙角坏了，孟尝君就命人用这些石料修了墙角。

泗水来的宾客见到，很不高兴：他们不辞劳苦将石料运来，是为了让孟尝君为宗庙做磬，振兴雅乐，而现在孟尝君说话不算数，竟将他们老远运来的石料补了墙角。于是，宾客们纷纷回到故乡去了。其他的宾客听说孟尝君言而无信，也走了不少。

秦国和楚国得知此事，暗自高兴孟尝君不得人心，准备合力攻打齐国。孟尝君意识到自己的行为已经铸成大错，赶紧向泗水的人表达了歉意，重新购买石料制成了磬。宾客们看到孟尝君知错能改，就都回来了。秦国和楚国见状，只好作罢。

所以说，做人要说话算数，言而有信，言出必行，不能做到就不要说，还要知错就改，这样才能赢得他人的信任。

口头承诺也要兑现

秦末有个叫季布的人，一向说话算数，信誉非常高，许多人都同他建立起了深厚的友情。当时甚至流传着这样的谚语："得黄金百斤，不如得季布一诺。"后来，季布得罪了汉高祖刘邦，被悬赏捉拿。结果他旧日的朋友不仅不为重金所惑，而且冒着诛九族的危险来保护他，终使他免遭祸殃。

由此可见，一个人诚实有信，自然得道多助，能获得大家的尊重和友谊。反过来，如果贪图一时的安逸或小便宜，信口开河，毫不在乎，表面上是省了事，实质上却毁了比物质重要得多的声誉。所以，口头承诺也要兑现，不然失信于人，无异于丢了西瓜捡芝麻，得不偿失。

曾参是春秋末期鲁国有名的思想家、儒学家，是孔子门生中七十二贤之一。他博学多才，德行高尚，且十分注重修身养性。一次，他的妻子要到集市上办事，年幼的孩子吵着要去。曾参的妻子不愿带孩子去，便对他说："你在家好好玩儿，等妈妈回来，将家里的猪杀了煮肉给你吃。"孩子听了，非常高兴，不再吵着要去集市了。这话本是曾参的妻子为了哄孩子说着玩儿的，过后她便忘了。不料，曾参却真的把家里的一头猪杀了。妻子看到曾参把猪杀了，就说："我是为了让孩子安心在家里等着，才说等赶集回来把猪杀了烧肉给他吃的，你怎么当真了呢？"曾参说："孩子年纪小，不懂世事，只得学习别人的样子，尤其是以父母作为生活的榜样。今天你欺骗了孩子，玷污了他的心灵，明天孩子就会欺骗你，欺骗别人；今天你在孩子面前言而无信，明天孩子就会不再信任你。你看这危害有多大呀！"

曾参的这番话也应点醒我们。很多时候，我们因轻视了口头承诺的即时重要性，而逐渐失去了诚信。所以说，我们要为自己树立诚信观念，防微杜渐，重视口头诺言。须知，口头的一句话往往貌似很简单，实则很有力量，能够影响我们的信誉和人际关系。

早年，尼泊尔的喜马拉雅山南麓很少有外国人涉足。后来，许多日本人到这里观光旅游，据说这是源于一位少年的诚信。

一天，几位日本摄影师请当地一位少年代买啤酒，这位少年为之奔波了三个多小时。

第二天，那个少年又再次自告奋勇地替他们买啤酒。这次摄影师们给了他很多钱，但直到第二天下午，那个少年还没回来。于是，摄影师们议论纷纷，都认为那个少年把钱骗走了。

第三天的夜里，那个少年敲开了摄影师的门。原来，他在一个地方只购得四瓶啤酒，于是，他又翻了一座山，蹚过一条河，才购得另外六瓶，可返回时摔坏了三瓶。他哭着拿着碎玻璃片，向摄影师交回零钱，在场的人无不动容。

这个故事使许多外国人深受感动，流传得越来越广。后来，到这儿的游客就越来越多了。

诚实换来的是信任和尊重

诚实犹如一股清新的空气，越是在充满险恶的环境里，这股清醒之风越显清新，所以，有诚实品德的人为他人所赏识。不管是在什么时候，也不管是在什么情况下，诚实都能让你赢得他人的信任和尊重。

从前，一个贤明而受人爱戴的老国王没有子嗣，眼看王位无人可继，便昭告天下："我要亲自在国内挑选一名诚实的孩子做我的义子。"

他拿出许多颗花籽，分发给每个孩子说："哪个孩子用这花籽培养出最美丽的花朵，那他就是我的继承人。"

所有的孩子都在大人的帮助下，播种、浇水、施肥、松土，对自己拿到的那颗种子照顾得十分细心。其中有一个叫雄日的男孩子，整天用心培育花籽。但是，十天过去了，半个月过去了……花盆里的种子并没有发芽。雄日很纳闷儿，就去问母亲。他母亲说："你把花盆里的土壤换一换，看看行不行？"雄日换了新的土壤，又播下了种子，经过了一段时间的等待及照顾，仍不见发芽。

国王规定献花的日子到了，其他孩子都捧着盛开鲜花的花盆涌上街头，等待国王的奖赏，只有雄日站在店铺的旁边，双手捧着没有花儿的花盆，默默流泪。

国王见了，便把雄日叫到面前问道："你为什么端着空花盆呢？"雄日诚实地将他如何用心培育，而种子却不发芽的经过告诉了国王。

国王听完，满心欢喜地拉着雄日的双手说："你就是我忠实的孩子。因为我发给大家的种子都是煮熟的，根本就发不了芽、开不了花。"

因为诚实，雄日成了国王的继承人。

雄日能得到王位，在于他的诚实。诚实是一种美好的品德。如果你不诚实，不讲信用，他人自然不会对你产生信任，反而会生出几分戒心。

阿瑟·项伯拉托里是一家大型航运公司的董事长。他10岁那年，正值经济大萧条的1935年。夏日里，他跟着一辆密封式运货小卡车，每天向一百多家商店送特制食品。在炎热的天气里，干几个小时的报酬只是一块腊肉三明治、一瓶饮料和50美分的酬金。但由于这是他的第一份工作，他虽然辛苦，但格外珍惜。

在不送货的日子里，他便到一家偏僻的糖果店干活儿。一次，他在扫地时，看见桌子下有15美分，便捡起来交给店主。店主拍拍他的肩膀说，他是有意将钱扔在那儿，要试试他是否诚实的。之后，阿瑟·项伯拉托里在整个高中阶段都为这位老板干活儿。他决不会忘记，是诚实让他保住了当时那份非常难找的工作，也正是诚实成了他后来创办事业且兴旺发达的关键。

诚实不仅有道德价值，而且蕴含着巨人的经济价值和社会价值。一个禀赋诚实的人，能给他人以信赖感，让他人乐于接纳，在赢得信任的同时，更为自己赢得了尊重，为自己的人生带来莫大的益处。

与此相应，一个人失去了诚实，就失去了一切成功的机会。一个不诚实的人，将会失去朋友，失去客户，甚至失去工作，因为谁也不愿意与一个不诚实的人打交道。

第七章

自胜

"胜人者有力，自胜者强。"这句话出自《老子》，其大意是："战胜别人是有力量，而战胜自己才是真正强大。""胜人"，凭借着自己的力量与智力很可能就会取得成功，然而"自胜"却还需要坚强的意志和自省的勇气。我们总说，人最大的敌人是自己。一个人能够战胜自己，往往也就会冲破人生的个体局限，获得更大的成就。所以说，自胜者强。

成功不是打败别人

1997年，知识分子型的电影全才伍迪·艾伦导演的一部《安妮霍尔》得到奥斯卡金像奖最佳影片、最佳导演、最佳原著剧本、最佳女主角四项大奖。而伍迪·艾伦本人更是一手包办这部电影的监制、编剧、导演、男主角。按说，他应该非常高兴地去参加颁奖典礼，接受他应享的荣耀，可他并没有去好莱坞领奖，而是独自一人在纽约的小酒馆吹奏黑管爵士乐，因为他坚信，"成功是自我证明，而不需要借由钱财、名利去肯定"。

想到"成功的人"，我们的脑海中会不自觉地浮现一个鲜衣怒马、出人头地的形象，却很少深入探讨成功的定义。有些时候，我们看球赛、武侠剧或战争电影，往往受其影响，下意识地认为成功就是将对手打败。但也许，从反面的角度来探讨成功的定义会更有说服力。

大仲马的名著《基督山伯爵》的主人公基督山伯爵，年轻、英俊、富有，有一位美丽的未婚妻，结果却被三个朋友陷害，失去了一切，甚至被关入死牢。他恨死了那三个陷害他的朋友，也充满了绝望。

在死牢里，伯爵遇见了一位牧师，那老人给了他一张藏宝图，并告诉他逃走的方法。他很兴奋，并发誓一旦走出死牢，一定会向那三个朋友报仇。

基督山伯爵奇迹般地逃出了死牢，找到了宝藏，并依计划向那三个害他的朋友报复，害他的三个人下场都很凄惨。他的未婚妻那时已嫁给那三个仇人之一，最后拒绝回到他的身边，并对他说："你这样做，究竟得到了什么？"

　　在最后，伯爵并没有成功的喜悦，反而有些空虚，有些悔恨。

　　对手也许可以用来激励自己，但"成功不是打败别人"。企业家之所以成功，他的目标绝对不是钱，而是事。他赚钱的目的是做更多更好的事，而不是打击他的竞争对手。人生最大的敌人是自己。因为你无法战胜别人，不管你认为自己多么优秀，也永远有竞争对手存在，你不可能打败所有的竞争对手，即使打败了老对手，也有新对手。所以我们的焦点不能集中在对手身上，而应在自己身上。我们只要成长了，有能力了，就根本用不着去打击对手，而是直接把对手甩掉了、淘汰了。再比如，跑步比赛最有效的方式就是集中精力往前冲，而不是想尽办法把别人绊倒。你只要有办法、有能力比你的竞争对手跑得快，冠军自然是属于你的。

要有勇气挑战自我

张海迪，1955年秋天在济南出生。5岁那年，张海迪患脊髓病，胸以下部位全部瘫痪。从那时起，张海迪开始了自己独特的人生。因为无法上学，她便在家自学，直至完成中学课程。15岁时，张海迪跟随父母到山东聊城农村，给孩子当起了教师。她还自学针灸医术，为乡亲们无偿治疗。后来，张海迪自学多门外语，还当过无线电修理工。

在残酷的命运挑战面前，张海迪没有沮丧和沉沦，而是以顽强的毅力和恒心与疾病做斗争，经受了严峻的考验，对人生充满了信心。她虽然没有机会走进校门，却发奋学习，学完了小学、中学全部课程，自学了大学英语、日语、德语等语言，并攻读了大学和硕士研究生的课程。1983年，张海迪开始从事文学翻译和创作，先后翻译了《海边诊所》等数十万字的英语小说，编著了《向天空敞开的窗口》《生命的追问》《轮椅上的梦》等书籍。其中《轮椅上的梦》在日本和韩国出版，而《生命的追问》出版不到半年，已重印三次，获得了"五个一工程"图书奖。而在《生命的追问》之前，这个奖项还从没颁发给过散文作品。2002年，一部长达三十万字的长篇小说《绝顶》问世。从1983年开始，张海迪创作和翻译的作品超过一百万字。

一个人身处困境，最重要的是要有挑战自我的勇气。这样会让人保持积极的心态，形成强大的期望，永远充满奋进的力量；会让人不苟且偷生、松懈倦怠，不达目标誓不罢休；会让人自我鞭策、知难而上，锲而不舍地寻求突破，从而达到成功的彼岸。

1908年，年轻的希尔上大学的同时，还在一家杂志社工作。因为在工作上的杰出表现，他被杂志社派去访问钢铁大王安德鲁·卡内基。卡内基十分欣赏这位积极向上、精力充沛、有闯劲儿、有毅力、理智的年轻人。他对希尔说："我向你挑战。我要你用二十年时间，专门研究美国人的成功哲学，然后提出一个答案。这一过程中，我除了写介绍信为你引荐成功人士外，不会给予你任何经济支持，你肯接受吗？"

希尔勇敢地接受了挑战。他在卡内基的引荐下，走访了美国财富榜排位在前的五百多位杰出人物，对他们的成功之道进行了长期研究。1928年，希尔出版了《成功定律》一书。这本书震动了全世界，激发了千千万万人走向成功。又过了七年，希尔成为罗斯福总统的顾问。

希尔在后来的演讲中说："试想想：当时全国最富有的人要我为他工作二十年，而不给我一丁点儿薪酬，如果是你，你会对这建议说'是'，还是说'不'？"是的，一个识时务者，对这样一个"荒唐的建议"肯定会推辞的，可是希尔却没有这么做，而是勇敢地接受了这一"荒唐的建议"，勇敢地做了一个不识时务者。希尔正是以他的这种勇于挑战自我的气魄，最终为自己创造了机遇，取得了成功。

战胜自己的弱点才能成功

　　每个人都有自己的弱点，这些弱点是人生路上的绊脚石，束缚人们手脚，阻碍人们前进。

　　可以说，弱点就像是我们的影子，是一生中难以回避的问题。然而，尽管这样，人性那些固有的弱点也并不可怕。可怕的是在弱点面前无信心、无斗志、无毅力，被这些影子左右。那样的话，我们的人生就不免会失败。所以，面对弱点，应该努力去克服它，战胜它。

　　德摩斯梯尼是古雅典卓越的雄辩家和政治家，他著名的政治演说为他建立了不朽的声誉，他的演说词结集出版，成为古代雄辩术的典范，打动了千千万万读者的心。然而，很多人不知道德摩斯梯尼天生口吃，嗓音微弱，演讲时曾多次被人赶下台。

　　德摩斯梯尼为了夺回被监护人侵吞的财产，向雅典著名的演说家、擅长撰写遗产讼词的伊塞学习演说术。在雄辩术高度发达的雅典，无论是法庭里、广场中，还是公民大会上，经常有经验丰富的演说家进行论辩，但是，听众的要求很高，演说者的每一个不恰当的用词，每一个难看的动作，都会引来讥讽和嘲笑。

　　德摩斯梯尼天生口吃，嗓音微弱，还有耸肩的坏习惯。在常人看来，他似乎没有一点儿当演说家的天赋，因为在当时的雅典，一名出色的演说家必须声音洪亮，发音清晰，姿势优美，富有辩才。为了成为卓越的政治演说家，德摩斯梯尼付出了超过常人几倍的努力，进行了异常刻苦的学习和训练。他最初的政治演说是很失败的，由于发音不清，论证无力，他多次被轰下讲坛。为此，他刻苦学习。据说，他抄写了《伯罗奔尼撒战争史》八遍；虚心向著名的演员请教发音的方法；为了改进发音，他把小石子含在嘴里，迎着大风和波涛讲话；为了改掉气短的毛病，他一边在陡峭的山路上攀登，一边不停地吟诗；他在家里装了一面大镜子，每天起早贪黑地对着镜子练习演说；为了改掉说话耸肩的坏习惯，他在头顶上悬挂一柄剑；他把自己剃成阴阳头，以便能安心躲起来练习演说……

经过十年的磨炼，德摩斯梯尼终于战胜了自己的弱点，成了著名的政治演说家。其中他最著名的演说就诞生在反对马其顿扩张。在声讨腓力二世的斗争中，他的演说充满爱国激情，富有说服力。据说，腓力二世读到这篇演说词时，竟然说："如果我自己听德摩斯梯尼的演说，我自己也会投票选举他当我的反对者的领袖。"

翻阅无数成功人士的奋斗经历不难发现：成功的过程，恰恰是克服自身弱点的过程。亚历山大、拿破仑因身材矮小而一度自卑，可最终他们战胜自己的弱点，在政治上获得辉煌成就；苏格拉底、伏尔泰曾经为失败自暴自弃，可后来他们走出低谷，在学术领域大放光芒；希区柯克和卡夫卡经常要和懦弱焦虑的性格特点做斗争，最后他们都找到了最适合自己的方向，摘取了电影和文学艺术殿堂上的桂冠。弱者面对自身的弱点只会自艾自怨、自我毁灭，而强者则是奋发图强、战胜自我。

警惕自我膨胀

项羽是秦朝末年著名的军事家，曾经叱咤风云，被称为"西楚霸王"。然而，正是他的自我膨胀，最终导致了霸业的覆灭，给后人留下了深刻的教训。

在秦末农民起义中，项羽以非凡的军事才能崭露头角。巨鹿之战中，他率领楚军打败章邯的秦军主力，一战成名。之后，他更是凭借强大的个人武力与军事才能，在战场上所向披靡，创下"破釜沉舟"等著名战例。这些成就让项羽逐渐自我膨胀。

在成为霸王后，项羽开始轻视谋士的建议。范增曾多次提醒他防备刘邦，但他却认为刘邦不足为惧，最终错失了铲除对手的最佳时机。

在鸿门宴上，项羽不顾范增的建议，放走了刘邦。他过分相信自己的判断，认为凭借自己的武力可以随时击败刘邦，这个决策为他日后的失败埋下了伏笔。

在分封诸侯时，项羽完全按照个人好恶行事。他将关中富庶之地封给远房同宗，而将偏僻的汉中赐给刘邦，这种傲慢的态度激起了很多人的不满。

项羽的自我膨胀最终导致了几个致命的后果。

首先是失去人心。在攻入咸阳后，项羽烧毁宫室，屠杀秦降卒，这种暴虐行为使他失去了民心。相比之下，刘邦的宽厚仁道赢得了普遍支持。

其次是战略失误。在垓下之战中，项羽仍然固守传统战法，轻视韩信等人的新式战术，最终被四面包围，导致军队陷入绝境。

最后是众叛亲离。当项羽最终被围困时，昔日的许多追随者都已离他而去，只留下极少数人追随。

项羽的悲剧告诉我们：成功易使人骄傲，而骄傲往往是失败的开始；领导者需要保持谦逊，善于听取不同意见；权力和才能需要理性的节制，自我膨胀往往导致判断失误。

欲望是人与生俱来的本性，也是生命的主要动力。适当的欲望使人进取，促人成功，但过分的、恶性膨胀的欲望却往往能够致人死命、毁掉一生。

很久以前，在一个小镇上，有三个年轻人坐在一个小酒馆里喝酒。他们看见一个送葬队伍经过，便让酒馆里的小伙计去打听打听是谁死了。

那位小伙计回来说："是你们的老朋友，名叫'快活'。他被一个叫'死亡'的贼谋杀了。"

三人中年龄最大的那个人转过身，对他的两个朋友说："这个叫'死亡'的家伙到底是谁？为什么人们都这么害怕他？我可一点儿也不害怕。走，咱们一起去找'死亡'，然后把他干掉！"

三人同意采取这一行动，相互握了握手。他们打算去找"死亡"，终止他的罪行。

他们刚走了几千米，就碰上了一个相貌丑陋的老太太。他们嘲笑老太太的满脸皱纹和脏兮兮的头发，还有破烂的衣服。尽管老太太神色惊慌，可是他们还是挡住她的路，不放她走。

"求求你们，给我让条路吧！"老太太哭喊着，"'死亡'正跟着我，我必须逃掉，才能活下去。我不想死，赶紧把路让开！"

"我们不会让开道的。"那个领头的人说，"快告诉我们怎么才能找到那个叫'死亡'的家伙？他杀了我们的朋友，等我们找到他，我们一定要宰了他！"

"先生们，"那老太太说，"如果你们真想找到'死亡'的话，只要跑到那山顶上，到那棵老松树下一看就行了。"

听到这话，三个人放老太太走了。

他们跑到山上那棵老松树的下面，可是，他们没有找到"死亡"，却发现了一个装满金银珠宝的箱子。他们坐下来数着刚刚得到的宝物，很快就把寻找"死亡"的事忘得一干二净了。

最后，那个领头的说："我们必须看好这些宝物，否则小镇上的人会说我们偷了宝物，把我们当作窃贼绞死。这样吧，咱们现在抽签，谁抽到最短的签谁就到镇上去买吃的。另外两个就留下来看守这些宝物。明天我们就分了这些宝物，然后各奔东西，这样，谁也没法儿指控我们是贼。"

他们都赞同这一计划，抽了签。

最短的签被他们当中最年轻的那个人抽到了。另外两个人给了他几枚金币。他拿着金币到小镇上买吃的去了。

两个看守宝物的人，很快想出了一个计划。他们打算待朋友带着吃的回来时马上杀了他。然后，他们先把食物吃掉，再把本该分成三份的宝物分成两份。

那个最年轻的人走到小镇，他想："我要买一些食物，还要买一些毒药放进食物里。我的两个朋友吃了就会死掉，那些宝物就可以全部归我所有！"于是，他买了一种烈性毒药，并把毒药放在他买的食物和饮料中。

当天晚上，他回到朋友身边。

他刚走回来，他的两个同伴就扑向他，把他杀掉了。他们迅速把他的尸体埋掉。

"现在，"那位领头的人说，"让我们放松一下，吃点东西吧。我们现在已经是富翁了。"他们把吃的、喝的摊在地上，得意地吃起晚餐来，也没有觉察到食物有什么怪味道。

几分钟后，他们就中毒身亡了。

从这个故事中，我们能够明白，欲望是亡身的毒药。对于我们每一个人来说，要想战胜自己、成为生活的强者，就要时刻警惕自己膨胀的欲望。古人说得好："壁立千仞，无欲则刚。"如果我们能更好地控制自身，抑制住欲望的泛滥，那么我们的人生也会充满生机。

第八章

人和

"天时不如地利，地利不如人和"是《孟子》中的一句名言。原意是说："（作战的时候）有利于作战的气候条件，比不上有利于作战的地理形势；有利于作战的地理形势，比不上作战中的人心所向、内部团结。"后来，这句话被广泛地引申，用以说明"人"在各种因素中的重要性。千百年来，这句话一直广为传颂，成了许多成功人士的座右铭。

得人心者得天下

"得人心者得天下"，这是一句千古不变的至理名言。纵观历史长河，无数的兴衰荣辱都印证了这一真理。

在古代，汉高祖刘邦能够战胜项羽，建立大汉王朝，关键就在于得人心。刘邦出身平民，深知百姓疾苦。他入关后，与关中父老约法三章："杀人者死，伤人及盗抵罪。"他废除了秦朝严苛的律法，赢得了百姓的衷心拥护。而项羽虽然勇猛善战，但他刚愎自用，坑杀降卒，火烧阿房宫，失去了民心。最终，刘邦在楚汉之争中逐渐占据上风，赢得了天下。

唐太宗李世民同样深知得人心的重要性。他虚心纳谏，任用贤臣，轻徭薄赋，关心百姓的生活。他曾说："君，舟也；人，水也。水能载舟，亦能覆舟。"正是这种以民为本的思想，使得唐朝出现了"贞观之治"的繁荣景象，为唐朝的昌盛奠定了坚实的基础。

在当代，企业的发展也离不开得人心。

"老干妈"的创始人陶华碧没有上过学，唯一会写的是自己的名字——这三个字还是创业后因为签署文件不便而由儿子李贵山教会的。虽然没有文化，但陶华碧明白这样一个道理：帮一个人，感动一群人；关心一群人，感动整个集体。

陶华碧总是在人们想不到的地方关心人，体谅人。公司里有一个厨师来自农村，父母早丧，家里还有两个年幼的弟弟，可他爱喝酒抽烟，每月1000多元的工资，几乎都被他花掉了。陶华碧得知这一情况后，很是担心。有一天下班后，她专门请这个厨师到酒店喝酒。酒桌上，她对他说："孩子，今天你想喝什么酒就要什么酒，想喝多少就喝多少。但是，从明天开始，你要戒酒戒烟。因为，你要让两个弟弟去读书，千万别让他们像我一样一个大字不识。"这番语重心长的话，使这个厨师深受感动，当即表示戒酒戒烟。但陶华碧还是不放心，于是与他约定每月只给他两百元钱，其余的钱则由她替他保管，什么时候他弟弟上学需要用钱时，他再从她那里支取。

只是关心个别员工，陶华碧觉得还不够。每当有员工出差，她还总是像老妈妈送儿女远行一样，亲手为他们煮上几个鸡蛋，一直把他们送到厂门口，直到看到他们坐上了公交车后才回去……

"得人心者得天下。"大字不识一箩筐的"老干妈"之所以能在激烈的商战中脱颖而出，凭借的是推心置腹、富有人情味的管理。对此，美国哈佛大学教授赖文生说：越是富于人情味的人聚集在一起，就越能做出超人的事情。

我们知道，一只骆驼不能穿越辽阔的沙漠，而一支驼队却能够越过沙漠的死亡地带。在竞争越来越激烈的现代社会中，一个人也是不可能完全凭借自己的力量来完成某项事业，不可能凭借一个人的智慧独自成功的。因为，一个人无论多么能干，多么聪明，多么努力，如果离开团队的协作，也难以在某项事业上获得伟大的成功。

得人心，不仅仅是一时的策略，更是一种长久的智慧。得人心者，能够凝聚众人之力，克服重重困难，实现伟大的目标。在当今社会，无论是国家、企业还是个人，都应该明白得人心的重要性，努力做到以人为本，关爱他人，这样才能在竞争激烈的世界中立足，成就一番事业。

让我们铭记"得人心者得天下"的真理，用真心去赢得人心，用关爱去温暖人心，用行动去凝聚人心，共同创造一个更加美好的未来。

争取人心，不偏不倚

　　刘备攻取西蜀时，曾与刘璋在涪县相遇。刘璋的部下张裕脸上长了不少胡须，刘备拿他开玩笑："我从前在老家涿县（今河北省保定市涿州市），那地方姓毛的人特别多，县城东西南北都是毛姓人家。"县令说："诸毛怎么都绕涿而居呢？"张裕回敬道："从前有人做上党郡潞县县长，迁为涿县县令，调动之际回了一趟家。正好这时有人给他写信，封面不知道如何题署好，如果题'潞长'，就漏了'涿令'，题'涿令'，就漏了'潞长'，最后只好署'潞涿君'。"借"潞"为"露"之谐音，讽刺刘备没有胡须而露出面部。

　　后来张裕归附刘备。他精通天文、占卜，曾劝刘备不要取汉中，认为此举对军事不利。然而，刘备未采纳其建议，坚持出征汉中，似乎意在验证张裕的预言是否准确。张裕又私下向人泄露"天机"，说魏文帝黄初元年刘备将得益州，九年后将失去益州。刘备因早年与张裕不和，借此机会欲除之而后快。诸葛亮问张裕犯了什么罪，刘备说："芳兰当门而生，不得不锄去。"这显然是一个借口。因个人恩怨而欲加害下属，这种做法显得过于偏激。

　　在人际交往中，不论对方的身份地位如何，都应给予应有的尊重，维护其尊严。若我们忽视了这一点，对显赫人物毕恭毕敬，却对小人物冷若冰霜，这样的行为无疑会伤害到后者的自尊心。

　　有这样一场家宴：宴席上坐着男主人、部门经理，以及男主人的几位同事。圆桌上的酒菜已经摆得非常丰盛了，可是围着花布裙的主妇还是一个劲儿地上菜，嘴上直说："没有什么好吃的，请将就着用点儿！"

男主人则站起来，把经理面前还没有吃完的菜盘撤掉，接过热菜放在经理面前，热情客气地给经理夹菜、添酒，而对其他同事只是敷衍地说声"请"。

面对这样"尊卑有别"的款待，试想：男主人的几位同事将做何感想？他们很难堪，其中两位竟未等宴席告终，就"有事"告辞了。

像这样的宴席，男主人眼里只有有权势者而慢待他人，使同事们的自尊心和面子受到损伤，非但不能增进主客间的友谊，反而会造成隔阂。

在现实生活中，不同品行的人，做人的态度也不一样。阿谀奉承的人表现为卑躬屈膝，刚直不阿的人则表现为不卑不亢。虽然曲意迎合他人可能暂时赢得好感，拉近关系，但这种关系并不稳固，时间一长便会被看穿。真正能赢得长久友谊的，是那些光明磊落、不卑不亢的人。

另外，做任何事情都不能偏心，偏心只会引发怨恨。不少人却往往忽视了这一点，他们在有些问题上不惜牺牲原则，放弃原则当"好人"，以为这样能多交朋友，拓宽道路。殊不知，这样做只能适得其反。因为偏袒少数人，会得罪大多数人，因小失大，得不偿失，到头来只会是搬起石头砸自己的脚。实际上，一个不偏不倚、能一碗水端平的人，是最得人心、最受人爱戴的。所以，在人际交往中，办事要公平，讲大局，讲原则，既不偏袒这一方，又不倚向那一方。

伯乐相助，事半功倍

　　一个优秀的引路人，能够让我们少走弯路，快速成长。伯乐善于发现千里马，不仅体现在识才的慧眼，更重要的是在于其引导和培养的智慧。

　　一个好的导师能够基于丰富的经验，为我们指明前进的方向。他们就像航海中的灯塔，帮助我们在迷茫时找准前行的方向，避开成长路上的暗礁。比如在职场中，一位经验丰富的上级主动分享经验教训，能让新人快速掌握工作要领，提升专业能力。

　　更重要的是，伯乐式的导师往往能发现我们自身的潜力和优势。正如真正的伯乐不仅看马的外形，更懂得发掘其潜质。好的导师会根据每个人的特点，因材施教，帮助我们扬长避短，在最适合的道路上快速成长。

　　古往今来，许多成功人士的经历告诉我们，若想成功，有伯乐的帮助是必不可少的。

　　晚清位极人臣的曾国藩的经历就说明了伯乐的重要性。身为汉人的曾国藩第三次赴京会试，才得第三十八名，殿试考试才得三甲第四十二名。根据惯例，他这种成绩只能分发到各部任主事，或到各地去任县令，这对一心想进翰林院的曾国藩是很大的打击，连朝考也无心参加，打算收拾行李来年再考，后来在同窗的劝说下才勉强留下参加朝考。

意料之外的是，曾国藩在朝考时得到了伯乐的帮助。当时担任会试总裁的穆彰阿特别调阅了他的试卷，为他的文章做了最后审批，当即取为一等第三名。朝考结果呈皇上审核时，穆彰阿还在道光帝面前特意把曾国藩的文章称赞了一番。在穆彰阿的极力推荐下，皇帝甚至觉得曾国藩的说理与文风更好，于是又把曾国藩调升为第二名。这样，曾国藩的成绩就由殿试的三甲第四十二名，一跃而成为朝考一等第二名，这个结果令参与此次朝考的人甚至曾国藩本人都觉得非常意外。

登门拜谢会试总裁时，穆彰阿与曾国藩谈了很多国事，曾国藩对内政外交都讲出了自己的观点，结果很多想法竟都与穆彰阿的不谋而合，穆彰阿越发觉得自己没有看错人。穆彰阿还向曾国藩说明了翰林院的重要性，叮嘱他好好为国效力。临别时，曾国藩一再拜谢穆彰阿的知遇之恩。

在穆彰阿的提携下，曾国藩在翰林院果然一帆风顺、步步高升，后来在穆彰阿的巧妙安排下觐见皇上，获得了皇上的好感，立刻被擢升为内阁大学士，官居二品。连升数级，这样的好事，在此之前的汉臣是从未遇到过的。曾国藩对穆彰阿的知遇之恩永世不忘。此后的岁月，曾国藩对穆彰阿一直执弟子礼，不论是在京任职，还是出外做官，曾国藩必到穆府问安。穆彰阿去世后，曾国藩还照常到穆府探望其家人，感激穆彰阿的知遇之恩。

曾国藩固然是有自己的努力在其中，但也不免有一些幸运的成分存在，而现实生活中，却是没有那么多幸运的，这样的话该怎么办呢？且看看"股神"巴菲特的例子：

巴菲特原本在宾夕法尼亚大学攻读财务和商业管理。在得知两位著名的证券分析师——本杰明·格雷厄姆和戴维·多德任教于哥伦比亚商学院后，他辗转来到哥大，成为"金融教父"本杰明·格雷厄姆的得意门生。

大学毕业后，为了继续跟随格雷厄姆学习投资，巴菲特甚至愿意不拿报酬，直到巴菲特将老师的投资精髓学成后，才正式创办了自己的投资公司，开始了自己的投资生涯。

与曾国藩不同，巴菲特没有依靠运气，而是有意去寻找伯乐的。其实，不管是有意还是无意，他们的例子都证明了一点：是困顿时的救命稻草，更是通向成功的捷径。在某种程度上，能否得到伯乐的青睐，往往是成败的关键因素。有一句话说得好："每个人都要借助他人的智慧完成自己人生的超越。"

第九章

推己及人

"己欲立而立人，己欲达而达人。"这句话出自《论语》。意思是："仁德的人，自己想站得住，首先要使别人站得住；自己做到通达事理，首先要使别人通达事理。"可以说，"己欲立而立人，己欲达而达人"是孔子的一个重要思想，也是实行"仁"的重要原则。如果能够"推己及人"，也就做到了"仁"。

己所不欲，勿施于人

有一天，孔子的学生子贡问老师："有没有一个字可以作为终生奉行不渝的法则呢？"孔子回答："其恕乎！己所不欲，勿施于人。"这里的"恕"，可以理解为凡事替别人着想。其意是，自己不喜欢做的事，不要强加在别人身上。这句话可视为做人的基本修养。

相传在战国时，梁国与楚国交界，两国在边境各设界亭，亭卒们也都在各自的地界种了西瓜。梁亭的亭卒勤劳，瓜秧长势极好，而楚亭的亭卒懒惰，瓜秧又瘦又弱，与对面瓜田的长势简直不能相比。楚亭的人觉得失了面子，有一天夜里偷跑过去把梁亭的瓜秧全给扯断了。梁亭的人第二天发现后，气愤难平，报告给边县的县令宋就，说："我们也过去把他们的瓜秧扯断好了！"宋就说："这样做当然是很卑鄙的。可是，我们明明不愿他们扯断我们的瓜秧，那么为什么再反过去扯断人家的瓜秧？别人不对，我们再跟着学，那就太狭隘了。你们听我的话，从今天起，每天晚上去给他们的瓜秧浇水，帮助他们的瓜秧长大，而且一定不要让他们知道。"梁亭的人听了宋就的话觉得有道理，于是照办了。接下来，楚亭的人发现自己的瓜秧长势一天好过一天，还发现梁亭的人在黑夜里悄悄为他们的瓜秧浇水，便将此事报告给楚国边境的县令。县令听后感到十分惭愧又十分敬佩，于是把这件事报告给了楚王。楚王听后，也感于梁国人修睦边邻的诚心，特备重礼送梁王，既以示自责，亦以示酬谢，结果梁楚两国成了友好的邻邦。

从这个故事可以看出，"恕"的核心是用以己度人、推己及人的方式处理问题。这样可以营造出重大局、尚信义、不计前嫌、不报私仇的氛围，激发双方宽广而又仁爱的胸怀。而在日常生活中，又何尝不是这样？因为在各人的眼中，自己的位置是各不相同的，并没有统一的标准。所以，不妨就按照"己所不欲，勿施于人"的原则，反求诸己，推己及人，则往往会有皆大欢喜的结果。反求诸己，易入情，由情入理，自然会生羞恶之心而知义，生辞让之心而知礼，生是非之心而知耻。自私自利之人，往往不懂推己及人的道理，往往毫无顾忌地损害他人的利益，把苦恼转嫁到旁人身上。以这种方式做人，无论走到哪里，都会被人唾弃，是既损人又害己。

会换位思考者智商高

朋友老张告诉我，现在他终于明白老板为什么都那么"小气"了。老张之所以明白，是因为不久前他辞了职，自己当了老板，回想自己在给别人打工时，不少人包括老张自己总埋怨老板刻薄、不公平，而直到自己真正当了老板，才知道老板有老板的难处。

在工作与生活中，很多不平之气其实是源于"各执一端"。你在你的立场上看，老板非常刻薄；老板站在老板的立场上看，又觉得自己非常厚道。如果你遭受了不公平，不要急着控诉、抗争或苦恼，不妨先换位思考。

所谓换位思考，指的是以对方的立场设身处地地看待事情。处于不同位置的人，对事情有着不同的看法。员工有员工的立场，老板有老板的立场；丈夫有丈夫的立场，妻子有妻子的立场。立场不同，对同一事物的感受就会不同。例如丈夫不做家务，对于作为家庭主妇的妻子来说也许不公平，但假设站在丈夫的立场，丈夫工作一天累了，回家不想动，似乎也不是什么大的错误。而唠叨的妻子固然惹丈夫烦，但只要想想妻子在家一天辛苦孤单，好不容易等丈夫下班了有机会说说话，似乎也在情理之中。

有一句话是这样说的："看一个人的智力是不是上乘的，就看他会不会经常进行换位思考。"实际上，在进行换位思考的同时，我们也正逐步靠近真理。从社会的角度来讲，相互理解、换位思考是建立和谐社会的基础；从个人的角度来说，换位思考是保障自身利益的明智选择。生活在这个社会中的每一个人，都有一个公开的、对外的身份，这就决定了人们往往习惯于站在自己的思想立场上为人处世和思考问题。

明白了这些，我们在下次感觉受到不公平对待时，为获得所谓的公平而不依不饶时，不妨问问自己："我如果是对方，会怎么样？"一切也许会因为你立场的变化而改变。海尔总裁曾亲自砸烂未能通过质检的不合格洗衣机，因为他知道如果他是消费者，一定会因新买来的洗衣机出现故障而烦恼。松下公司并未开除一位犯了重大事故的员工或对其进行降薪处罚，因为公司领导知道，如果他是那位员工，一定会为自己的失误给公司造成的巨大经济损失心存懊悔。这样的换位思考，使海尔电器畅销全球；这样的换位思考，使松下公司凝聚力大大提高。

当我们学会并做到换位思考的时候，我们会发现生活其实很美好。如果你在生活及工作中遇到了什么不开心的事情，先试着换位思考。这样的转变往往能缓解内心的困扰，让我们的心情变得不那么沉重和别扭。

换位思考是一种智慧的闪耀，是一种理性的牵引。换位思考能产生一种巨大的人格力量，有强大的凝聚力和感染力，它就如一泓清泉，浇灭嫉妒的焦虑之火，可以化冲突为祥和，化干戈为玉帛。其实，换位思考并不是什么深奥的东西，它存在于生活中的每个角落。我们少一点随意，别人就多一些轻松；我们少一些刻薄，别人就多一些宽容。

利人利己最易成功

最近，有人对美国一千多位富翁进行了调查，结果归纳出了最常见的三种致富类型：第一种为勤劳型，第二种为机遇型，第三种为利人利己型。勤劳可以致富，这是很多人都明白的道理；机遇也能致富，但需要好的运气；利人利己却是可以把握的。更为有趣的是，前两种竟然只占受调查人数的20%，80%的受调查者靠的是利人利己起家并成为富翁的。

亨利·保尔森是美国布什政府的财政部长，他的成长道路是极具传奇色彩的。他一开始创业的时候只不过是一个小小的送货员，虽然他小时候家庭很富裕，但国家战乱后的货币更迭让家族财富化为乌有。家道中落的时候，他的父亲带他逃难到了美国，父亲对儿子说："只要有人教你英语并能给你提供吃住，你就去跟着人家干。"他遵循父亲的话，并因此学会了英语。在他成年并准备进入社会时，父亲又对他说了一句话："以后办事一定要利人利己。"这两句简洁的话语，如同灯塔一般照亮了他的职业道路，成为他行动的指南。在后来的日子里，虽然身为小小的送货员，但是他做事习惯为他人着想，无论事情大小，都力求在帮助他人的同时实现自我价值。因此，他积累了良好的信誉与公众形象，在职场上得以稳步上升，最终赢得了布什总统的青睐，被任命为美国财政部长，书写了属于自己的辉煌篇章。

同样靠利人利己取得成功的还有一个例子，是讲一个新加坡女企业家的。这位女企业家在事业起步阶段，其实很不起眼儿，但是她做的事情非常有趣，她把生活当中的小事都当作大事来做，比如哪家的孩子生病了，她就为那家人联系私人医生；哪家的汽车轮胎坏了，她就会去为其寻找修车胎的人员。就这样日复一日，她将附近的服务业网络摸得很清楚，同时在服务别人期间也积攒了良好的公众信誉，基本上大家在生活中遇到什么麻烦事都会去找她。后来，因为她的巨大号召力，她开办了一家公司，而这家公司最后成了世界500强企业。

　　获得成功竟然这么简单，不去害人，也不苦自己，只做对自己和对他人有利的事情就能获得成功。这种乐于助人、利人利己的精神，是一种难能可贵的境界，它展现了人类博大的胸襟和积极向上的人性光辉。最重要的是，无论个体的力量多么微小，只要能够持之以恒地做好身边的每一件小事，且这些行为都秉持着利人利己的原则，那么，巨大的成功自然会随之而来。正如老子所言："天下大事，必作于细。"用更通俗的话来理解就是：天下没有大事，一切成就皆源自对细节的精心雕琢。

第十章

感恩

人生处处要感恩。懂得感恩生活的人，心态是平和的，心情也总是很愉快的，即使遇上再大的灾难，也能熬过去。常怀感恩之心的人，即使遭遇挫折，也会很快战胜挫折，而那些常常抱怨生活的人，则总是身在福中不知福，即使遇上了福，也不认为那就是福，并且无法从中体会到快乐。

带着感恩的心生活

　　人生在世，施与受的关系如同呼与吸，缺一不可。我们伸出援手帮助他人时，不仅是在传递温暖，更是在滋养自己的心灵。这种付出能让我们感受到生命的意义和价值，在与受助者建立的情感纽带中，我们收获的往往比付出的更多。这份善意如同涟漪，在社会中不断扩散，最终又以各种形式同馈给我们。

　　带着感恩的心生活，就像打开了一扇新的窗户，让我们以不同的视角看待世界。当我们从自己的"幸福仓库"中分享快乐给他人时，这份幸福不会减少，反而会倍增。因为在这个过程中，我们将消极转化为积极，将怨恨化作关爱，世界在我们眼中也变得愈发美好。

　　然而，现实生活中总有一些人无法感受到这种美好。他们终日怨天尤人，觉得命运对他们不公，认为社会和他人亏欠了他们什么。正如一位哲人所说，世界上最大的悲剧莫过于一个人傲慢地宣称："从未有人给予我任何东西。"这种想法本身就是对生命最大的误解和亵渎。

　　事实上，我们从呱呱坠地那一刻起，就浸润在无尽的恩泽之中。父母的养育之恩、师长的谆谆教诲、朋友的真诚相助、配偶的相濡以沫，还有社会的种种便利、大自然的慷慨馈赠……这一切都是我们应该感恩的对象。就像自然界的生物链一样，万物相互依存，彼此成就。一个真正懂得感恩的人，能在柴米油盐中品味生活的美好，在蓝天白云间感受自然的馈赠，甚至在困境与挫折中领悟成长的智慧。

　　幸福不在于拥有多少，而在于心态如何。一个永远不知足的人，即便坐拥金山银山，也难觅内心的平静；而一个知足常乐的人，却能在平凡中寻找快乐，在简单中体会满足。这就是感恩的力量，它能让我们在平凡中发现不平凡，在普通中感受特别。

　　感恩之心不仅能改变我们看待世界的方式，还能调节人与人、人与社会、人与自然之间的关系。它就像一剂良药，能医治焦虑不安的心灵；又如同一面镜子，能让我们看清生活中那些被忽视的美好。我们学会了感恩，就会发现生活处处有温暖，时时有惊喜。

　　所以，让我们带着感恩的心继续前行，用善意温暖他人，用感恩滋养自己。在付出与收获的循环中，在施予与感恩的交织间，我们终将收获真正的幸福。因为感恩不仅是一种态度，更是一种智慧，它能让我们的生命更加丰盈，让我们的世界更加美好。

学会惜福是一种感恩

生活中，人们常常把很多美好的事物视为理所当然，却忽略了这些看似平常的幸福背后，都凝聚着他人的付出与关爱。学会惜福，不仅是一种生活态度，更是对生命的珍视，对他人的感恩。

在古希腊，曾经流传着一个国王弥达斯的故事。这位国王贪得无厌，向神明许愿："但愿我触摸的一切都变成黄金。"神明满足了他的愿望。起初，弥达斯兴奋不已：他触摸石头，石头变成黄金；触摸桌椅，桌椅变成黄金；触摸花草，花草变成黄金。整个王宫很快就被黄金装点得金碧辉煌。

然而，当他饥肠辘辘准备用餐时，难题出现了：他拿起面包，面包变成了黄金；端起清水，清水也凝固成了黄金；就连他深爱的女儿向他奔来与他拥抱时，也在他的触摸下变成了冰冷的黄金雕像。弥达斯惊觉，原来日常生活中那些看似平常的事物是多么珍贵。新鲜的食物、清凉的泉水、亲人的温暖拥抱，这些才是生命中最宝贵的财富。

最终，弥达斯向神明忏悔，祈求收回这个愿望。他明白了一个深刻的道理：真正的幸福不在于拥有取之不尽的财富，而在于懂得珍惜生活中那些看似平常却无比珍贵的事物。

这个流传千年的故事，直到今天依然给人深深的启示。现代生活中，我们是否也常常忽视了那些来之不易的幸福？清晨的第一缕阳光、晚餐桌上的家常菜、身边人温暖的问候，这些都是无价的珍宝。正如弥达斯国王最终领悟的那样，我们只有在失去时，才后悔莫及，但为什么不在拥有时就好好珍惜？

学会惜福，不仅仅是节约资源、爱护环境，更是一种感恩的生活态度。感恩父母的养育之恩，感恩师长的谆谆教诲，感恩身边人的关爱帮助，感恩这个时代赋予我们的机遇与挑战。人们怀着感恩的心过好每一天，珍惜所拥有的一切，生活就会变得更加美好。

惜福即感恩，感恩即幸福。让我们从身边的小事做起，珍惜每一份资源，感恩每一份温暖，将这份美好传递下去。人们学会用感恩的心看待生活，就会发现幸福从未走远，而是一直静静地陪伴在身边。

感恩让生活变得更美好

一个人如果常怀感恩的心，就会感受到什么是幸福，并且随时能品尝到幸福的滋味，就会更加珍惜生活中的一切，觉得人生是美好的。

只有心存感激，我们才会意识到生活处处有欢乐。

在英国伦敦郊外的一所贵族学校里，每到星期天，学校都会组织学生们去当地的养老院做义工。刚开始时，大多数学生都觉得这是一件麻烦事。其中有个叫托马斯的男孩儿，更是每次都抱怨连连："为什么要把周末的休息时间浪费在照顾这些老人身上？"他总是敷衍了事，能坐就不站，能少做就不多做。

直到有一天，托马斯遇到了一位名叫约翰的老人。约翰曾是一名战地医生，在二战期间，他在前线救助了无数伤员。托马斯听了老人讲述那些惊心动魄的救援经历，被深深打动了。

约翰说："年轻人，你知道吗？在战场上，每一口干净的水，每一块干净的纱布，甚至每一个微笑，对于那些受伤的士兵来说都是十分珍贵的。"他接着说，"现在我老了，行动不便，但我依然感恩生活给予我的一切。感恩还能看见阳光，感恩护工们的照顾，更感恩像你们这样的年轻人来陪伴我们。"约翰的话让托马斯陷入了沉思。他第一次意识到，原来自己曾经抱怨的事情，在别人眼中却是值得感恩的珍宝。

从那以后，托马斯转变了态度。他开始主动照顾老人们，认真倾听他们的故事。渐渐地，他发现自己在这个过程中不仅收获了知识和智慧，更收获了一颗感恩的心。而最令他惊讶的是，当他开始怀着感恩的心去生活时，他曾经觉得枯燥的义工服务竟变成了他每周最期待的事情。

　　一个心中不知感恩的人，是永不会满足的人，也是一个不懂得珍惜当下拥有的人。他们整天只会怨天尤人，心中充满嫉妒，总以为别人的成果与成功是靠运气得来的。他们整天为怨恨的情绪所啃噬，导致自己痛苦不堪。

　　两个行走在沙漠中的旅人，已经行走多日了。在他们饥渴难忍的时候，一个骑骆驼的老人出现了，给了他们每人半碗水。两个人面对同样的半碗水。一个抱怨水太少，不足以消解他身体的饥渴，抱怨之下竟将半碗水泼掉了；另一个也知道这半碗水不能完全解除身体的饥渴，但拥有发自心底的感恩，懂得珍惜这来之不易的水，并且怀着感恩的心喝下了这半碗水。结果，前者因为拒绝这半碗水，死在了沙漠之中；后者因为喝了这半碗水，终于走出了沙漠。

　　不同的态度，带来了不同的结果。有些时候，表面上，我们看似失去了宝贵的东西，实际上，这不是失去，而是得到了更多。

　　两个旅行中的天使来到了一个富有的家庭借宿。可是这家人却拒绝让他们睡在舒适的客人卧室，而是在冰冷的地下室给他们找了一个角落。当他们铺床时，较老的天使发现墙上有一个洞，就顺手把它修补好了。年轻的天使问为什么，老天使没有回答。第二晚，两人又到了一个非常贫穷的农家借宿。主人夫妇俩对他们非常热情，把仅有的一点食物拿出来招待客人，然后又让出自己的床铺给两个天使住，好让他们在一天旅途的疲劳后睡得更舒服一些。

可是第二天一早，年轻的天使发现农夫和他的妻子在哭泣。原来，他们唯一的生活来源——一头奶牛死了。年轻的天使非常愤怒，质问老天使为什么会这样，第一个家庭那么富有，老天使还帮助他们修补墙洞，第二个家庭如此贫穷，老天使却没有阻止奶牛的死亡。

"有些事并不像它看上去那样。"老天使答道，"当我们在地下室过夜时，我从墙洞里看到墙里面堆满了金块。可是这家的主人不行善，所以我就把墙洞填上了，让他们无法发现。昨天晚上，本来应该死去的是农夫的妻子，可是这家人是那么好心，所以我让奶牛代替了她。"

你是否也曾经为自己的失去而抱怨，甚至慨叹命运的不公？你是否也无法冷静地对待险境，当危险来临时惊慌失措？其实大可不必。也许我们正是因为失去，才得到了更多，也正是因为坦然从容，才摆脱了危险。

所以，请不要对你的处境感到失望，感到悲观，认为全世界最不幸的人就是你，也许本来你的处境可能更糟，而正因为善良的天使躲在你的身后，你才得以保持现在的样子。所以，请保持乐观和感激的心态。

常怀一颗感恩的心，这样，你将会发现原来自己周围的一切都是那样的美好。毕竟对于生活怀有感恩之心的人，即使遇到再大的灾难也能熬过去，因为他们懂得珍惜。而那些常常抱怨生活，经常发泄怨气的人，就算在人人羡慕的地方工作，在舒适的豪宅里居住，也不会感到幸福。

俗话说："滴水之恩，当涌泉相报。"别人对我们的帮助和好处，我们一定要谨记在心，懂得感激。因为别人的帮助不是"理所当然"的，世界上没有谁对你的帮助是理所当然的。这点点滴滴的都是人情，不但要心存感激，还应以同样的爱心去关怀别人。

懂得感恩是获得幸福的源泉。在生活中，如果我们每个人都不忘感恩，人与人之间的关系就会变得更加和谐、更加亲切。我们自身也会因为这种感恩心理的存在而变得更加健康和愉快！

第十一章

包容

"海纳百川，有容乃大"这八个字出自民族英雄林则徐题于书室的一副自勉联："海纳百川，有容乃大；壁立千仞，无欲则刚。"寓意为："应如大海之胸襟，广纳百川之水，以包容与融合之姿，铸就非凡之大气，尽显胸怀之宽广。"豁达大度，胸怀宽阔，是一个人有修养的表现。中国有句俗语，叫作"宰相肚里能撑船"。姑且不论那些宰相是不是都是有肚量的人，但人们都把具有像大海一样广阔胸怀的人看作可敬的人。

人生通达自通畅

从前，有一位欧洲将军，率领了十万大军攻打敌人，把敌人打得落花流水。他在胜利归来的路上，经过一座小桥，十万大军于是依着次序慢慢过桥。这时，这位将军同几个高级将领一齐爬到山顶上，去检阅浩浩荡荡的英雄队伍。那真是威风凛凛的场面啊！可是这位将军在几分钟沉思之后却流下了眼泪。旁边的将士非常诧异，问他："这是我们最光荣、最高兴的时候，您为什么反倒伤感起来了呢？"将军回答说："你看这十万身强体健的壮士，现在是威风凛凛，然而几十年之后，恐怕都要归于尘土，没有一个能留在世上。那时候称雄一世的又是一批新的人物了。再过几十年，新的人物也要遭受同样的命运。这样看来，我们不过是历史上一个小小的点缀，又有什么了不起的呢？"

人的寿命是有限的，以一般的情形而论，能活到百岁已是难得。前有亿万年，后有亿万世，中间一百年，真正属于自己的是多少年？又何况人之寿，几人能百岁？普通的人只有几十年的光阴，这短促的时间，就好比石火电光，原是很快就要逝去的。因此，我们要珍惜当下，努力做利人利己的事，让这短暂的一生充满美好与快乐；同时胸怀要旷达，眼光要远大，对于名利等微小之事，不必过分计较。

我们不如活得潇洒一点，微笑通达地面对人生，这样，人生的路才会越走越宽敞。陶渊明有诗云："俯仰终宇宙，不乐复何如？"杜甫诗曰："细推物理须行乐，何用浮名绊此身？"一个人如果认识了自然和人生的客观发展规律，视野高远，心胸开阔，对鸡毛蒜皮的琐事和过眼烟云的浮华不屑一顾，那么，他的心境自然会像蓝天白云那样透彻明净，悠然自得。俗话说："君子坦荡荡，小人长戚戚。"能否保持坦然开朗的胸怀和乐观向上的精神，既是衡量一个人人生境界、品行状态的一个尺度，也是区别强者和弱者的一道分水岭。

成沧海不捐细流

李斯是楚国人，看到秦国的实力雄厚，有可能吞并天下，就来到了秦国。

来到秦国后，他先投靠在秦国丞相的门下，由于巧舌善辩，被秦王政也就是后来的秦始皇看中，被任命为客卿。

此时，韩国给秦国派来了一个姓郑的水工。他给秦国出了个主意，让秦国开凿一条巨大的渠，引泾河的水来灌溉农田。然而，这实则是韩国的一石二鸟之计，通过修建浩大的工程来消耗秦国的实力，削弱其对外征伐的能力，尤其是对于韩国的威胁。

后来，秦王发现了这是个计谋，很生气，要杀这个姓郑的水工。不仅如此，这件事也引起了秦国原来的这些大臣对客卿的不满，请求秦王下逐客令，把这些客卿给赶走。李斯也在被逐之列。

这个时候，李斯上书秦王，劝谏秦王，他认为用人不能只用秦国的人，要广泛地网罗人才，这才是符合秦国利益的行为。他在谏书中说了这样一段话："泰山不让土壤，故能成其大；河海不择细流，故能就其深；王者不却众庶，故能明其德。"秦王接受了李斯的建议，废除了逐客令，也重用了李斯。

成沧海要不捐细流。不仅成事如此，交友也是如此。

我们说，交朋友要交良友，但也不能就此局限住自己。要知道，有些时候，"鸡鸣狗盗"之辈也能给你帮上大忙。

战国时期，有孟尝君、平原君、信陵君、春申君四大公子，其中以孟尝君最负盛名，他共有三千名门客，其中不乏"鸡鸣狗盗"之辈。当这些人来投奔孟尝君时，孟尝君并不轻视他们，而是将他们列于门客之中。

孟尝君入秦，秦昭王准备任他为相。有人对秦昭王说："孟尝君贤，但他是齐国的宗族，让他相秦，他必先为齐谋利益，不会顾及秦的利益，这是很危险的。"

秦昭王便不让他为相，反而将孟尝君关入监狱，准备把他杀掉。一个门客向孟尝君进言，说："秦昭王现在十分宠爱一个妃子，对其百依百顺，言听计从。君上可请那个宠姬出面帮忙，如若如此，大事可成。"

于是，孟尝君便派人求秦昭王宠姬帮助，宠姬说："我早已听说君上有一件狐白裘大衣，十分神奇，能否得偿一见，了却我的心愿？"

使者回来之后告诉孟尝君，孟尝君就发起愁来。他原来确实有一件狐白裘大衣，价值千金，天下无双，但早已献给秦昭王。孟尝君不知所措，问遍门客，众人都束手无策。其中有一个门客说："我愿为君上效劳，盗得狐白裘大衣。"

当天晚上，这个门客假扮成一条狗，窜入秦昭王的府库，偷出狐白裘大衣。孟尝君非常高兴，赞叹不已，第二天便将狐白裘大衣献给了秦昭王的宠姬。宠姬于是向秦昭王说情，秦昭王很快就释放了孟尝君。

被释放后，孟尝君怕再发生变故，立即设法逃离秦国。他准备改变姓名出关，夜半行到函谷关。而此时，秦昭王后悔释放孟尝君，派人抓捕他，发现孟尝君已逃走，便命人连夜追捕。函谷关关法规定，鸡鸣时刻才开城门，孟尝君很是焦急，恰巧门客中有人善用口技，会学鸡鸣之声，于是便学鸡鸣来诱使群鸡鸣叫，一时，函谷关鸡鸣声四起。守门人员听到鸡鸣声，随即打开城门。城门一开，孟尝君与其追随者便出了关，秦国追兵只得望关兴叹了。

回到齐国之后，孟尝君当即重赏了盗得狐白裘大衣和学鸡叫骗开函谷关城门的门客。在秦遇难时，众门客都无法相救，只有此二人解救孟尝君于危难，众门客很是佩服孟尝君的眼光和魄力。

"海纳百川，有容乃大"，在生活中，许多看似不起眼儿的事，如果能够被我们足够重视，那么我们的生活与事业定会平稳顺畅。

对他人多一点包容

  雨果曾说过:"世界上最宽阔的是海洋,比海洋更宽阔的是天空,比天空更宽阔的是人的胸怀。"是的,人的胸怀可以包容一切。

  包容如莲,出淤泥而不染;包容如兰,处幽谷而独芳;包容如泉,濯恶浊而清纯。包容像一轮暖阳,给人以希望,即使在白雪皑皑的冬天,也依然温暖着大地人间;包容如一场春雨,给人以清爽,即使大地污秽,也依然会滋润大地;包容似一把花伞,给人以舒适,即使大雨倾盆,也依然会保护主人。

  美国前总统林肯对政敌素以宽容著称,后来终于引起一众议员的不满,议员们说:"你不应该和你的政敌交朋友,相反,你应该消灭他们。"林肯微笑着回答:"我把他们变成我的朋友,不正是在消灭我的敌人吗?"林肯一语中的。正所谓"君子以厚德载物",人生在世,应善于发现包容的美,学会包容。

  战国时,信陵君打败了秦兵,救了邯郸,保全了赵国,因此赵王亲自到郊外迎接他。唐雎告诉信陵君:"我曾听人家说,事情有不可知道的,有不可不知道的;有不可忘记的,有不可不忘记的。"

  信陵君说:"这是什么意思?"

  唐雎回答说:"人家憎恨我,这种事不可不知道。假如是我幸负了人家，那么我务必设法予以补偿；假如是人家误解了我，那么我应该善意地讲清楚。我憎恨人家，不应该有这种心态，因此要用宽恕而内化掉。但是在内化的过程中，不要到处传言，给别人带来不必要的困扰与紧张。人家有恩德于我，这种事不可忘记，要感恩图报。我有恩德于人家，这种事切不可不忘记，否则将给自己与人家带来莫大压力。现在你打败了秦兵，救了邯郸，保全了赵国，这是你所施与的很大的恩德啊！赵王亲自到郊外迎接你，见了赵王，但愿你能把施与恩德的事忘记！"

信陵君说："我谨遵您的教诲！"

安德鲁·马修斯在《宽容之心》中说过这样一句启人心智的话："一只脚踩扁了紫罗兰，它却把香味留在那脚跟上。"可见，被包容的人是幸运的，给予包容的人是幸福的。正所谓："人非圣贤，孰能无过？""金无足赤，人无完人。"宽容可以抚平一颗受伤的心，宽容可以挽救一个自责的人，宽容还可以避免一场战争，宽容甚至可以拯救全人类。海阔凭鱼跃，天高任鸟飞。海纳百川的心，将会是一颗快乐的心。

退一步海阔天空

　　生活中离不开忍。忍中具有道德、智能，忍中具有真、善、美。在忍中不觉得苦，不觉得累。所以，忍是一个人生存的基本能力，能屈能伸方为大丈夫本色！生活中，我们都需要忍，都要学会忍。

　　忍耐是一种情绪管理的高级智慧。当代社会压力巨大，人们容易产生烦躁、愤怒等负面情绪。此时，懂得忍耐的人能够给自己一个冷静思考的空间，避免冲动行事导致的后悔。就像古人说的"忍一时风平浪静，退一步海阔天空"，这种智慧可以帮助我们在纷繁复杂的人际关系中游刃有余。

　　忍耐还是成就事业的必要品格。任何成功都不会一蹴而就，都需要经历挫折与困难。能够忍受寂寞的人，才能在平凡的工作中不断积累；能够忍受失败的人，才能在挫折中吸取经验；能够忍受诱惑的人，才能专注于自己的目标。正是这种持之以恒的忍耐，才造就了无数成功人士。

　　当然，"忍"并非消极的隐忍，而是一种积极的战略选择。它不是逃避问题，而是为了更好地解决问题。在该坚持原则时要坚持，在该据理力争时要争取。忍耐的真谛在于懂得取舍，明白什么时候该忍，什么时候不该忍。

　　有一对夫妇，他们的婚姻正濒于破裂的边缘。为了重新找回昔日的爱情，他们打算来一次浪漫之旅，如果能找回昔日的感情，就继续生活，如果不能，就友好分手。

他们首先来到一条山谷，这是一条东西走向的山谷。山谷很平常，唯一能引人注意的是，它的南坡长满柏树等许多种类的树，而北坡只有雪松。

这时，下起了大雪，他们支起了帐篷。望着纷纷扬扬的大雪，他们发现，由于特殊的风向，北坡的雪总比南坡的雪来得大，来得密。不一会儿，雪松上就落了厚厚的一层雪，不过当雪积到一定的厚度，雪松那富有弹性的枝丫就会向下弯曲，直到雪从树上滑落。这样反复地积，反复地弯，反复地落，雪松完好无损。可其他的树，因没有这个本领，很多树枝被压断了。而南坡由于雪小，总有些树挺了过来，所以南坡除了雪松，还有柏树等树木。

帐篷中的妻子发现这一现象，对丈夫说："北坡肯定也长过其他树，只是不会弯曲才被大雪压毁了。"

丈夫点头同意。过了片刻，两人像是突然明白了什么似的，相互拥抱在一起。

丈夫激动地说："我们发现了一个秘密——对于外界的压力要尽可能去承受，在承受不了的时候，学会弯曲一下，像雪松一样让一步，这样就不会被压垮。"

大自然中的树如此，生活中的人亦如此。弯曲中蕴含着丰富的哲理，它并不是倒下和毁灭，而是顺应和忍耐。生活中，忍就是弯曲的艺术。

懂得弯曲，是为了不折断正直。有时候，适当弯曲是一种理智。弯曲不是妥协，而是战胜困难的一种理智的忍让。弯曲不是倒下，而是为了更好、更坚定地站立。弯曲不是毁灭，而是为了退一步的海阔天空，是为了让生命锻炼得更坚强。

第十二章

自省

"吾日三省吾身"这句话出自《论语》,是曾子的一句名言。原文是:"吾日三省吾身:为人谋而不忠乎?与朋友交而不信乎?传不习乎?"它的意思是:"我每天多次反省自己:替他人谋虑是否尽心?和朋友交往是否诚信?老师传授的学业是否复习了?"自我反省的重要性不言而喻,我们要时刻审视自己的行为和思想。

少抱怨，多自省

在这个世界的每一个角落，充满了嘈杂的抱怨和愤怒。

为什么我的机会那么少？

为什么一分耕耘换不回一分收获？

为什么……

太多的为什么，却很少有人找到真正的答案。

其实，当你感到整个世界都在辜负你的时候，当你感到不快乐的时候，当你感到世界都错了的时候，你不妨先问一问自己是不是对的。如果整个世界都辜负了你，那么问题的根源往往在于自我，而非外界。你要想改变这个局面，唯一的办法是改变自己。当你以一种正确的态度去对待这个世界时，世界也会以一种正确的态度对待你。

一只小狗老是埋怨有人踩它的尾巴，却从来没有反省过自己睡的位置不对，因为它总喜欢睡在过道上。平庸之人常倾向于外界归因，为自身不足寻找种种借口，却鲜少自省其失。他们看得见别人脸上的灰尘，却看不见自己鼻子上的污点。但强者们总是在调整自己、提高自己，力求与世界和谐共生。他们深知，自我反省与调整是关键，只要自身行为端正，世界自然也会以正面回应相待。"现代戏剧之父"易卜生曾经告诫他人："你的最大责任就是把你这块材料铸造成器。"说的其实也就是这个道理。

"以铜为镜，可以正衣冠；以古为镜，可以知兴替；以人为镜，可以明得失。"人生有了自省吾身，犹如有朗镜悬空，能让人时刻从自省的镜子中看清自己、检讨自己，进而修正自己。

一个人是否善于自我反省，对于能否有所成就非常重要。某华人首富在谈到自己成功的秘诀时，也不止一次地强调自我管理的重要性。他说："自我管理是一种静态管理。人生不同的阶段，要经常反思自问：我有什么心愿？我有宏伟的梦想，但我是否明白什么是有节制的热情？我有与命运拼搏的决心，但我有没有面对恐惧的勇敢？我有信心、有机会，但有没有智慧？我自信能力过人，但我有没有面对顺境、逆境都可以恰如其分行事的心力？"

每个人，不管是天赋异禀还是资质平平，不管是出身高贵还是出身贫贱，都应该学会自我反思、反省。"大多数人想改造这个世界，却极少有人想改造自己。"伟大睿智的列夫·托尔斯泰如是说。

你想拥有怎样的世界？你想做怎样的人？一切主动权都在你的手里。

流水的光阴落满星光璀璨，人生的长河满是太阳光芒。因为自省，一切都是光明美好的。

自省让你更完善

曾国藩一生有十三套学问，但流传后世的首推《曾国藩家书》。如果我们细读《曾国藩家书》，就会发现其中除了对晚辈的教诲外，曾公自省的文字比比皆是。

曾国藩是近代中国一个响当当的人物，"清代三杰"之一，洋务运动的先驱人物，曾创办湘军与太平天军苦战并最终取得胜利。曾国藩历任内阁学士、礼部右侍郎、兵部侍郎、吏部侍郎，后任两江总督等职，一生历尽坎坷，几度生死。

从青年时代起，曾国藩就按照京师唐鉴、倭仁帮他制订的"日课"，每日自修、自省、自律。即使后来成为高官显贵，也从不停止修读这些功课。他坚持写日记，在日记中不停反省自己，直到去世前一日才因为身体不佳而停止写日记。曾国藩正是在逐日检点、事事检点的自律自省中，一步一步地走向事业的成功，走向人生的辉煌。

道光年间，在京城做官的曾国藩书生意气，加之年轻气盛，内藏傲骨，外露傲气，易冲动，"好与诸有大名大位者为仇"。咸丰初年，他在长沙办团练，也动辄指摘别人，尤其是与绿营军的明争暗斗，与湖南官场的凿枘不投，以及在南昌与陈启边、恽光宸的争强斗胜。这一切他都采取法家强权的方式，虽在表面上获胜，实则埋下了更大的隐患。又如参清德，参陈启迈，参鲍起豹，

第十二章 自省

125

或越俎代庖，或感情用事，办理之时，固然干脆痛快，却没想到锋芒毕露，刚烈太甚，伤害了这些官僚的上下左右，无形之中给自己设置了许多障碍，埋下了许多隐患。

咸丰七年二月，曾国藩的父亲曾麟书去世，曾国藩脱下战袍从江西战场回家守丧。这引来了朝廷上下一片指责声，有些人甚至还希望朝廷处罚他。但出乎意料的是，朝廷不仅准假三月，还给了他一笔银子，令他假满即赴前线。曾国藩并不领情，上表要求在家守制，朝廷不准。三个月后，曾国藩再次上奏，在这篇奏折里，字里行间满溢着艰辛与不易，详细述说了其当前面临的种种困境，并随之提出了复出之艰难，如：他所保举湘军将士的官名都是虚的，自己位虽高却没有实权，军饷受掣于地方，作战也得不到地方的支持，等等。隐含之意就是希望朝廷理解他的苦处，授以督抚军权实职，一切问题便迎刃而解。谁知朝廷根本不予理会。鉴于当时乃满人统治之世，授予汉人实权之举确令皇帝心存顾虑，故皇帝最终决定顺应其意，恩准他留在家中完成守丧之制，以此作为妥协。曾国藩原本是想借守制为筹码，获得更大的权力以利于自己施展拳脚，却没料到被朝廷顺水推舟。无可奈何的曾国藩在家一待就是一年多。眼看着自己亲手创建的湘军不能由自己指挥立功，不免"胸多抑郁，怨天尤人"。

在湘中荷叶塘守制的一年多时间里，曾国藩对自己的为人处世做了深刻反省。他开始认识到自己办事常常不顺利的原因，并进一步悟出了一些在官场中的为人之道："长傲、多言二弊，历观前世卿大夫兴衰，及近日官场所以致祸福之由，未尝不视此二者为枢机。"他总结了经验教训之后，便苦心钻研老、庄、道家之经典，潜心攻读《道德经》和《南华经》，经过默默地咀嚼，细细地品味，终于悟出了老庄和孔孟并非截然对立的，两者结合既能做出惊天动地的大事业，又可泰然处之，保持宁静谦退之心境。

一年多后，浙江局面一变，御史李鹤年、湖南巡抚骆秉章等人上奏朝廷，要求朝廷速命曾国藩复出以解浙江之急，在郁闷与反省中度日如年的曾国藩不再讨价还价，立即披挂出征了。再次出山的曾国藩，身上多了些从容与迁就，少了些冲动与固执。这些改变对他日后的功成名就无疑是影响巨大的。而这一切，均归功于他的自省。这一年，是曾国藩思想和为人处世重大调整和转折的时期。这段时光里，他经历了无数次痛苦的回忆与深刻的自我检讨，对过往的种种进行了反复的审视与反思。正是这段艰难而深刻的自我反省过程，铸就了曾国藩晚年的成熟与老练。再次出山，他藏起了自己的锋芒，日益变得圆融通达。

"自省"是儒家思想的重要组成部分。儒家认为，自省是人达到"圣人"和"君子"道德、学识境界的一种手段。这种手段是一种独具特色的涵养手段。儒家认为，自省是"修身之本"，是"中兴之本"。儒家讲求"内圣外王"，是指内备圣人之至德，施之于外，则为王者之政。也就是说，只有具备了良好的自身修养，才能完成治理国家的任务。在"格物""致知""诚意""正心""修身""齐家""治国""平天下"这"八条目"当中，修身被看作头等大事。而修身之本则是"自反"，即自省。比如："自反者，修身之本也。本得，则用无不利。""以反求诸己为要法，以言人不善为至戒。"

从曾国藩的家书中，我们能够深切地感受到他对自己作风所进行的深刻反思与细致检讨。而一个懂得自省的人，言行会逐渐平和稳重，性格也会更加完善，不会动辄乖张动气、情绪失控。因此，在夜深人静的时候，我们要思考，要反省，不能靠着本能和欲望去支配我们的生活。

自省到底"省"什么

《格言联璧》中有云:"静坐常思己过,闲谈莫论人非。"这句话中上联讲严于律己,下联讲宽厚待人。意思是:一个人沉静下来时,要经常自省自己的过失,进而以是克非,为善去恶;与人闲谈的时候不要议论别人的是非。这也是儒家倡导的道德修养的重要方法。《论语·卫灵公》中有云:"躬自厚而薄责于人,则远怨矣。"意思是:多反省自己而少责备别人,怨恨就不会来了。韩愈则进一步阐释:"古之君子,其责己也重以周,其待人也轻以约。重以周(严格而全面),故不怠;轻以约(宽大而简略),故人乐为善。"(《原毁》)《文子·上义》中有云:"自古及今,未有能全其行者也,故君子不责备于人。"意思是:从古至今,人无完人,故有德行的人不求全责备于任何人。那么,如何宽厚待人、不论人非呢?

在儒家的主张中,自省的内容是十分丰富,又是十分具体的,大致有如下一些方面:仁、义、礼、智、信、忠、恕、善和学识。如果对其进行概括,可以分为德行和学识两方面。在辨察自己是否有违背德行和学识的言行时,应以"圣贤所言"为依据和标准。

曾子认为,自省的主要内容是"忠""信""习"。正所谓:"为人谋而不忠乎?与朋友交而不信乎?传不习乎?"孟子认为,"君子"不同于一般人的地方,就在于居心不同。"君子"居心在仁，居心在礼。假定有个人，他对我蛮横无理，那"君子"一定会反躬自问：我一定不仁，一定无礼，不然，他怎么会有这种态度呢？反躬自问以后，我不存在非礼非仁的言行，那人仍然如此蛮横无理，"君子"一定又反躬自问：难道是我不忠？反躬自问以后，我也实在是忠心耿耿，那人仍然蛮横无理，"君子"就会说：这个人不过是一个狂人罢了，既然这样，那同禽兽有什么区别呢？对于禽兽又该责备什么呢？于是，我仍然不必为此动气。在这里，孟子认为，反省的内容应是"仁"和"礼"。

孟子还说："万物皆备于我矣。反身而诚，乐莫大焉。强恕而行，求仁莫近焉。"他认为，反躬自省，确认自己内心之忠诚，并以此为至高无上的喜悦。坚持不懈地实践由己及人的恕道，无疑是通往仁德境界最为便捷的路径。可见，孟子认为反省的内容还应有"忠"和"恕"。

而荀子则曰："见善，修然必以自存也；见不善，愀然必以自省也；善在身，介然必以自好也；不善在身，菑然必以自恶也。"荀子认为，自省、修身应以"善"为主。

以上是古人关于自省的看法，作为今人，我们在自省的内容上或许会稍有不同，但相同的是：我们要有善于、勇于自省的精神与习惯。站在历史的长河边，那里猎风习习，鹤汀凫渚。两千多年前的苍劲声音穿透历史呼啸而至：吾日三省吾身。古人尚知如此，更何况今人呢？

遭遇挫折是反省的最佳时机

北宋著名文学家苏轼写过一篇文言文叫《河豚鱼说》，说的是一条河豚游到一座桥下，不小心撞到了桥柱上。但它没有反思自己不小心，也没有选择避开桥柱继续前行，反而生起气来，恼怒桥柱撞了它。它气得张开两鳃，胀起肚子，漂浮在水面，一直不动。后来，一只老鹰发现了它，一把抓起了它。转眼间，这条河豚就成了老鹰的美餐。

这条河豚，自己不小心撞上了桥柱，却不知道反省自己，没有改正自己的错误，反而将过错归咎于他人，一错再错，结果丢了自己的性命，最终导致了不幸的结局。

可以说，埋怨别人已成为很多人的习惯行为，"都是你的错"也成了人们掩饰自己错误的惯用借口。遇到挫折时，人们首先想到的是埋怨别人，而不是从自己身上找原因，仿佛所有的错误都与自己毫不相干。

没有谁的人生一帆风顺。而且，通常来说，大富大贵者必先遭受大磨大难。古之先贤孟子早就指出："故天将降大任于是人也，必先苦其心志，劳其筋骨，饿其体肤，空乏其身，行拂乱其所为，所以动心忍性，曾益其所不能。"我们在上学时期都学习过这句话，核心含义是磨难能增加一个人的本事以利于其日后成功。孟子在说了上面的话后，紧接着补充了一句："人恒过，然后能改。"

意思是人经常犯错，而犯了错后，肯反省、检讨自己，才是正确的方法。没有经历过错误和挫折带来的痛苦，人就难以真正反省并改变。因此，面对错误与挫折，我们无须畏惧。即使做错了，失败了，也无须过分自责，"困于心，衡于虑，而后作"。真正的勇者，会在跌倒后毅然站起，勇于改正错误。在这个过程中，我们可能会经历内心的挣扎与痛苦，但正是这些经历，让我们学会冷静思考、权衡利弊，从而重新出发。这样的我们，能够更加坚定地追求伟大事业，成为一个成熟、有担当的人。

犯错误、遭挫折不要怕，真正可怕的是不去冷静反思，而让思维陷入死胡同，从而做出不明智的决定。具体来说，人在犯错或遇挫折时，可以通过深刻的反思，抑制住心中的冲动，或能粉碎心中的颓废，还有利于扭转局势，重新走出一片艳阳天。

鲁迅有一支让人望而生畏、手术刀式的笔，他曾这样说："我的确时时解剖别人，然而更多的是无情地解剖我自己。"正如鲁迅先生所说，他在深入分析和批评别人之余，会更深刻地自我反省。不肯自省吾身之人行为乖张，处处伤人，最终伤己。项羽气走亚父，不知自省吾身，赶走韩信，仍不知自省吾身，最终被困垓下，拔剑自刎于乌江畔。"虞兮虞兮奈若何"的沉重叹息，终于取代了"大风起兮云飞扬"的豪情壮志。霸王之败，后人哀之。倘若后人哀之而不知自省吾身，必使后人复哀后人矣。

第十三章

变通

我们常常会置身于这样的境况：屡屡失败让我们找不到人生的出路，种种冷遇让我们感到人间充满冷漠，各种压力让我们不堪重负……遗憾、失去、怨恨、苦难等成了我们人生挥之不去的阴霾。我们为什么总是身陷困境？我们怎么做才能柳暗花明？为什么输了的总是自己？其实，输，往往是因为你不知道变通。人活在世上，不仅要在做事上学会变通，还要在思想上学会变通。

变则通，通则久

　　梁启超说过："变则通，通则久。"知变与应变的能力是一个人素质的体现，也是现代社会办事能力高下的一个重要标准。办事时要学会变通，不要总是直线思考，应放弃毫无意义的固执，这样才能更好地办成事情。

　　罗马有一位很有成就的女商人伊尔莎，她在回忆自己的成功时，总是忘不了父亲在她几乎走向绝境时给予她的那份深刻启示。

　　当时，父亲带着她离开了罗马的家，来到市郊的一个小镇，并带她爬上了一座很高的教堂塔顶。伊尔莎不明白父亲为什么要带她上那儿。父亲温和地对她说："往下瞧瞧，孩子！"伊尔莎鼓足勇气，朝脚下看去。只见星罗棋布的村庄环抱着罗马，蜘蛛网一样的道路条条都通向了罗马。

　　父亲慈祥地说："孩子你看，通往罗马的路不止一条。生活也是如此。当你发现走这条路达不到目的地时，你就走另一条路试试！"聪明的伊尔莎明白了父亲的良苦用心，于是在以后的道路上不断探索新境界，创造出了新的生活。

　　曾经有一个老和尚问小沙弥："如果你进　步则死，退一步则亡，你应该怎么办？"小沙弥毫不犹豫地回答说："我往旁边去。"往旁边去！多么显而易见的答案啊！也许这个道理人人都懂，然而在生活中，人们却常常忘记。高考落榜、恋爱失败、生意赔本……种种考验迎面而来的时候，很多人总会选择消极应对，甚至走向绝境。

人生的旅程，有我们想象不到的复杂和困难。当这条路越来越窄，甚至到了穷途末路之时，我们可以改变一下走向，走向旁边的路，通过迂回前进的方式，同样能到达自己的目的地。

试着换一条路去闯

在这个世界上，从来没有绝对的失败，也从来没有无法抵达的终点。一条路闯不通，不妨换其他的路试试。有时你的心愿和你的目标只有一墙之隔，绕过这堵墙就可以抵达目的地。所以，与其一条路走到黑，直到耗尽最后的精力，却仍一事无成，不如变换思路。

心理学家的研究表明，一个人的创造能力与思维能力成正比关系，一个人的思维能力越强，创造力就会越强。而创造性思维不会受思维定式和条条框框的限制。因此，通过运用创造性思维，我们能够独辟蹊径，从崭新的角度来认识事物和分析问题，从而达到"柳暗花明"的效果。

正如美国著名营销专家里斯与特劳特提出的"定位理论"所言："你如果不能成为某类产品中的第一，就应该努力去创造一类新产品。"

据说，吴道子刚开始学画时，拜一位普通的画匠为师，这位老画匠循循善诱，毫无保留地将自己的全部画技传授给了吴道子。他发现弟子的画技已经超过了自己时，就胸怀坦荡地让吴道子另择高师继续学习。他还以自己的亲身经历为鉴，谆谆告诫弟子：要想取得突出的成就，必须打破常规，走前人没有走过的路。

当吴道子拜别师傅出外求学时，老画匠对吴道子意味深长地

第十三章 变通

说:"如今你的画技已经在为师之上,凭你这身本领,自然可以出去闯荡了。但是一定要记住:要想取得事业的成功,必须'不拘成法,另辟蹊径'。"

吴道子在离开师傅以后,始终遵循师傅的教诲,毅然决然地走出传统绘画的既定路径。他并没有再拜画家为师,而是拜著名的狂草书法大师张旭为师,进行创造性的学习。张旭,一向以不拘一格、敢于创新的精神为人称道,人们颂扬他为"狂",正是对他创新精神的一种肯定。

在张旭的指导下,吴道子不仅从张旭那龙飞凤舞的草书艺术中汲取灵感,还学习张旭的创造精神,经过刻苦努力,终于做到了将书法、绘画融为一体并首创了"兰叶"描技法。吴道子完成了这段学习任务,准备辞别之时,向张旭敞开心扉,表达了自己的志向:"弟子本习丹青绘画,可惜现今画坛技法俱已陈旧,弟子志在创新。幸得偶见恩师书法,笔走龙蛇,大气磅礴,猛悟得若能以书法绘画,便可一改前代画风,于是拜在恩师门下。现在弟子就此告辞,还要去云游山川、庙宇,再创山水画技!"吴道子此番大胆创新的言论,即便是同样以创造力著称的张旭,也不禁为之动容,深表钦佩。

吴道子深受恩师"不拘成法,另辟蹊径"教导的指引,游遍了祖国壮丽河山,师法自然,最终才有了那张千古绝唱《天王送子图》。他的学习过程、创作过程皆非简单沿袭前人,而是在不断寻求其他的路,因而可以成一派风格。综观古今中外书画名作,大师们无一不是因为有自己的独特风格,才可以独立成体、成家。其他领域同样如此。因此,当既有道路难觅新意,勇于另辟蹊径便成为必然之选。

　　一个懂得变通的人，不会囿于一隅，故步自封。有时候，只要我们换个角度思考，就能更清楚地看清自己和别人，也能更清晰地理解一切事物。

改变不了现状就改变自己

当你面对镜子，看着熟悉的自己，你可曾有些感想？长久一成不变的风格，让你以为那就是"最适合"自己的。穿着打扮、言谈举止、待人处世，所有的行为都已经形成固定的模式，你是否会觉得生活开始变得单调无趣？改变现状，不一定要换手机、换工作、换环境……改变自己，才是最有效的途径！

一条小河从很远很远的高山上流淌下来，经过草地、森林、村庄，最后流到一片沙漠。这时，它感到一阵轻松。"我已经越过了那么多障碍，这么平坦的地方，我肯定能轻松越过。"小河想。

而它迈开自己的脚步后，却发现自己慢慢被沙漠吞噬，成了泥沙。它努力向前行进很多次，结果都是徒劳。它心灰意冷："难道这就是我的归宿？我永远无法到达渴慕已久的浩瀚的大海？"

突然，它听到一个声音："微风可以穿越沙漠，河流应该也可以。"原来是沙漠在鼓励小河。

小河还是没有信心："微风可以飞驰而过，而我不能飞啊。"

沙漠这次铿锵有力地说："如果你仍然坚持原来的样子，你就永远也无法穿越这片广袤的沙漠。你可以换一种样子，蒸发到空气里，让风儿带你穿越这片沙漠，你的愿望不就实现了吗？"

"改变我原来的样子，蒸发到空气中？我从来没有想过这样的事情。"小河听了，感到既惊讶又害怕，"况且这是不可能的，那不是自我毁灭吗?"小河实在无法接受这样的改变。

"那不是毁灭,而是重生。"沙漠耐心地解释道。

"怎么是重生呢?"小河还是充满疑惑。

"你蒸发到空气中,变成了水蒸气,只是你的形态变化了,那样微风就可以带着你飘过沙漠,到了适当的地方,它就把你释放出来,凝结成雨滴。这些雨滴落到距离大海越来越近的地面,汇集成河流,这不就是你的重生吗? 你就能继续前进,这样,一次,两次……慢慢接近大海,直至汇入你渴慕的大海。"沙漠做了科学的解释。

"可那不是原来的我。"小河怯怯地说。

"可以说是,也可以说不是。但是,你想,你无论是看得见的河流,还是看不见的水蒸气,你的本质并没有任何改变。"

最终,小河鼓起了勇气,改变了自己的形态,化作轻盈的水蒸气,随风飘荡在沙漠之上。虽然它的形态发生了变化,但它的内心充满了希望和期待。它知道,自己只要不放弃,总有一天会再次汇聚成河流,流向自己梦寐以求的大海。

改变自己,需要的是思维与行事方式的转变。我们无法改变环境时,可以改变看待问题的角度。比如在经济低迷期,与其抱怨机会少,不如思考如何提升自己的竞争力;面对工作压力,与其抱怨压力大,不如思考如何提高效率和能力。思维方式的转变,才能带来突破口。

物竞天择,适者生存。在日新月异的时代,唯有不断调整自己,才能适应新的环境和要求。就像竹子,看似弱不禁风,却因其能屈能伸的特性,反而能在狂风中生存下来。

人的一生不可能一帆风顺，总会遇到困难或者障碍，有时候为了跨越障碍，你必须改变。在适当的时候改变一下自己，你就能活出快乐。也许你也会默默地问自己：你的本质是什么？你紧抓不放的是什么？你想得到的又是什么呢？其实，生命不止一种形式，当你觉得无法改变别人或者环境的时候，最好的办法就是改变你自己。形态的改变不会影响你的本质，只要本质不变，你就还是你，这就足够了。

第十四章

舍得

正所谓"鱼和熊掌不可兼得",有得必有失,有失必有得,人生就是这样一个得与失的过程。把握了舍与得的玄机,便把握了人生的钥匙和成功的机遇。人生需要舍弃,有了明智的舍弃,才能迎来最后的成功。所以,舍弃是人生的一堂必修课。

人生只在取舍之间

先哲云："将欲取之，必先予之。"意思是：你想要得到，必须先付出。请仔细想想，你现在拥有的每一项东西，皆是舍弃与获得交织的结果。

一个人如果想得到更大的功名，则必须舍弃安逸和享受；如果想得到更多的金钱，就必须舍得付出艰辛……世间万物的取得皆有代价，所得即所愿，所失为必经之路。这便是"舍"与"得"的辩证关系。

人生在世，随着年岁渐长，背上的包袱越发沉重。地位、金钱……重负已经压弯了我们的腰，我们却往往难以割舍。不可否认，作为凡人，有欲望再正常不过，这是人的本性，也是推动社会进步的一种原动力。但是，欲望又是一头难以驾驭的猛兽，它常常使我们对人生的舍与得难以把握，不是不及，便是过之，于是便产生了太多的悲剧。因此，我们只要真正把握了舍与得的机理和尺度，便等于把握了人生通往成功之门的钥匙。

舍得，便是人人为我、我为人人的人生境界。舍得还是一种时空的转换，精神和物质的交流，人情和礼节的传达，是物质世界的"流通"。懂得了"舍"与"得"之间的关系，面对舍弃时，我们便能更加从容，不再过分计较得失。因为"舍"是"得"的前提。舍得可以体现在金钱上、名利上，也可以体现在情感上、友谊上，以及日常生活中微不足道的待人接物的小事上。其"舍得"之智慧，与儒家所说的"礼尚往来"也有异曲同工之妙，但它比礼尚往来又高了一个层次，作为"舍"的一方，有时在其"舍"之初可能是不希求回报的，而"得"是其施舍之后获得的自然合理的反馈，却未必是施舍者所企盼的，譬如父母对子女的哺育和抚养之情、老师对学生的传道授业解惑之辛劳。

想要得到太多，终将失去。要想活出精彩，就要懂得轻装上阵，就要懂得舍弃。舍弃是一种智慧，也是一种境界，懂得舍弃的人往往会有大收获。"舍得是一种大智慧，是东方禅意中的超然状态与处世之道。成功永远是属于少数人的舍得之后的犒赏。大舍大得，透射出智者豁达的气度。古往今来，得大成而永载史册者莫不深谙此道"。

是的，有"舍"才有"得"。一只壁虎遇上了危险，会毅然舍弃尾巴以保全生命。连壁虎都懂得"舍得"，人为什么那么执着，那么放不下、舍不得呢？

懂得舍得的人境界高

人生如弈，落子无悔。每一步的取舍，都在考验着一个人的眼界与智慧。舍得之道，不仅是人生智慧的体现，更是境界提升的关键。人一旦能够在舍与得之间做出高明的选择，其实就已然站在了更高的人生维度。

在德国，流传着一个关于名表制造商朗格的故事。二战结束后的一天，朗格收到了一份特殊的订单。一位国外军官找到他，要订购一批手表。这位军官开出的条件十分优厚：不但价格是平常的三倍，而且承诺未来会有更多的订单。对于当时百废待兴的朗格表厂来说，这无疑是一个难得的机会。

这位军官提出了一个额外的要求：要在表盘上印制军队的特殊标志。朗格经过深思，婉拒了这份预估利润丰厚的订单。他对工人们解释说："手表不仅仅是计时工具，更是一件艺术品，是制表师心血的结晶。如果在表盘上添加任何与制表艺术无关的内容，都是对精益求精传统的背叛。"

很多人不理解朗格的决定。当时的德国百业凋敝，企业需要资金维持运营，员工需要薪水养家糊口。然而朗格坚持道："一时的利益固然重要，但品牌的灵魂更加珍贵。今天为了利益违背了准则，明天就可能为了更大的利益放弃品质。一旦失去了对完美的追求，我们就失去了存在的意义。"

事实证明，朗格的选择是正确的。正是因为始终如一地坚守制表艺术的纯粹，朗格表在后来成了世界名表之一，其价值远远超过了当年那笔订单带来的利益。更重要的是，朗格用自己的选择诠释了什么是真正的工匠精神，什么是更高层次的商业智慧。

这个故事给我们的启示是：一个人的格局，往往体现在他如何取舍。目光短浅的人只看眼前利益，而真正有智慧的人却能够权衡轻重，在更高的维度上思考问题。朗格舍弃的不仅是眼前的利益，得到的也不仅是后来的成功，更重要的是守住了品牌的灵魂和工艺的尊严。

舍得之道对人生境界的提升，首先体现在眼界的提升上。一个人的眼界决定了他的选择，而选择则决定了他的人生高度。就像登山一样，站得越高，看得越远。我们以更高的视角来审视得失，就会发现很多当时看似重要的东西，其实并不值得过分执着；相反，一些当时觉得可以舍弃的东西，可能恰恰是最宝贵的财富。

在人生的关键时刻，舍得往往是一个人智慧的检验。有的人面对职业选择，只看眼前的薪资待遇，而忽视了长远的发展空间；有的人在人际交往中，因小失大，为一时的意气之争断送了宝贵的友情；有的人在投资理财时，贪图短期高利，最终赔上了毕生积蓄。这些都是因为在舍得之间没有把握好分寸，没有站在更高的维度权衡利弊。

真正的智者知道，人生最重要的不是一时的得失，而是整体的提升。就像企业家在创业初期，往往需要舍弃优渥的工作待遇，投入时间和精力去追逐更大的梦想。又如科学家在研究过程中，可能要舍弃眼前的名利，专注于自己的研究领域。这种舍得，是对自己人生价值的更高追求。

　　舍得有道，不仅关乎个人得失，更是一个人精神境界的体现。当我们能够超越个人得失的局限，以更开阔的胸怀来看待人生，就会发现：有些东西看似失去了，其实是以另一种形式存在；有些付出看似没有回报，其实已经让自己的生命境界得到了提升。

该放手时要舍得放手

人生就像一场旅行，有牵手，也有放手；有相聚，也有别离。学会在适当的时候放手，不仅是一种智慧，更是人生的必修课。然而，很多时候，我们明知该放手，却总是难以割舍。其中的痛苦与挣扎，每个人都曾经历。

放手，是对过去的释怀。无论是失败的创业，还是结束的感情，当我们明确知道无法继续时，执着地坚持反而会带来更多痛苦。就像握着一把沙子，抓得越紧，流失得越快。学会放手，反而能让我们以更平和的心态面对得失。

放手，也是为了更好地开始。人的精力和资源都是有限的，很多时候，我们需要放弃一些东西，才能腾出空间迎接新的机会。就像一棵树，需要适时修剪枯枝，才能长出新的枝叶。在职场上，可能需要放弃安逸的工作，去追求更大的发展；在生活中，可能需要放下一些执念，才能获得内心的平静。

在印度热带丛林里，人们用一种奇特的狩猎方式捕捉猴子：在一个固定的小木盒子里面装上猴子爱吃的坚果，在盒子上面开个小口，刚好够猴子的前爪伸进去。猴子总是喜欢满满地抓住一把坚果，这样爪子就抽不出来了。人们常常用这种方式捉到猴子，因为猴子有一种习性：不肯放下已经到手的东西。

我们一定会嘲笑猴子很蠢！松开爪子不就能溜之大吉了吗？

但想想我们自己，再看看身边的一些人，也许你会发现，其实，人也会犯同样的错误。

因为放不下到手的名利，有的人东奔西跑，荒废了工作也在所不惜；因为放不下诱人的钱财，有的人费尽心机，利用各种机会想捞一把，结果却是作茧自缚，后悔莫及……

生命如舟，载不动太多的物欲和虚荣。若欲顺利驶向梦想的彼岸，避免中途倾覆或停滞，唯有轻装上阵，精选必需之物，勇于舍弃那些可负担之外的累赘。假如你的心灵是一个塞满食物的冰箱，每到一定时候，你应当盘算什么东西应该丢出去，否则永远不可能有新的东西放进来。不清理，旧物不仅占据空间，还可能悄然变质；有些虽觉惋惜，但若终其一生都未曾触及，也是无益。所谓的"人生观"，其核心便在于如何智慧地管理心灵"冰箱"中的存与舍。

生活中，每个人都应该学会盘算，学会放弃。盘算之际，有挣扎，有犹豫。没有人能替你决定什么该舍，什么该留。豁达，便是在这份自我审视中，逐渐领悟如何明智地处理每一次的取舍与去留。当你勇敢地放下那些失去后并无大碍的累赘，你会在心底告诉自己：我已能够超越现状，何惧未来不遇更佳？

在工作与生活中，我们每个人时刻都在取与舍中选择，我们又总是渴望着取，渴望着占有，常常忽略了舍，忽略了占有的反面——放弃。

其实，懂得了放弃的真意，也就理解了"失之东隅，收之桑榆"的妙谛。多一点糊涂的思想，静观万物，体会像宇宙一样博大的胸襟，我们自然会懂得适时地有所放弃，这正是我们获得内心平衡，获得快乐的秘方。

其实有时会得到什么、失去什么，我们心里都很清楚，只是觉得每样东西都有它的好处，权衡利弊，哪样都舍不得放手。然而，现实生活中并没有在同一情形下势均力敌的东西。它们总会有差别，因此，你应该选择那个对长远利益更重要的东西。有些东西，你以为一旦放手便永不再现，然而，你在真正舍弃之后，却会惊讶地发现它竟在日后屡屡重逢，其模样与初遇时别无二致。于是，那些你曾不经意间错过、认为不甚重要的物件，其实完全有可能再度被你收入囊中，重新拥有。

生命如舟，要想使之在到达理想彼岸前不在中途搁浅或沉没，就只能轻载，只取需要的东西，把那些可放下的东西果断地放下。而所谓的豁达，常常只不过是明白自己能正确地处理去留和取舍的问题。